U0784118

**Rethinking**

**Reconstructing**

**Reproducing**

\*

———————

"精神译丛"

在汉语的国土

展望世界

致力于

当代精神生活的

反思、重建与再生产

———————

\*

Vitesse et politique

Essai de dromologie

Paul Virilio

精神译丛·徐晔 陈越 主编

［法］保罗·维利里奥 著　刘斐 译

# 速度与政治：
## 论竞速学

西北大学出版社
·西安·

保罗·维利里奥

我不会想着要当个幸存者。

——让·梅尔莫兹①

① 让·梅尔莫兹（Jean Mermoz，1901—1936），法国飞行家、冒险家，曾在法国空军服役，后参与法国航空公司开辟南美洲和非洲航线的计划，1936 年在一次飞行过程中遭遇意外后失踪。——译注

# 目　录

# 第一章

# 速度专政的革命

La révolution dromocratique①

① dromocratique 这个形容词根据所修饰对象和章节具体论述内容有所调整，此处针对作为历史现象的革命，译作"专政"；后文第三章针对现实处境中的社会，译作"主宰"。——译注

# 一、从上街权到执政权

> 够得上最小军事单位的这群乌合之众,将在一次共
> 同的旅程中被统合起来。
>
> ——克劳塞维茨(Clausewitz),1806

所有革命中都存在着流通的悖论。恩格斯在 1848 年 6 月评论称:"第一次集结发生在林荫道上,**巴黎的生活以最大的强度在那里流通**。"①不到一个世纪之后,韦伯(Weber)提到罗莎·卢森堡(Rosa Luxemburg)和卡尔·李卜克内西(Karl Liebknecht)的失踪(就像是在谈论汽车碰撞和冲击造成的后果),"他们向街道发出召唤,而街道则杀死了他们"。大众不是一个民族、一个社会,而是大量的行人。革命的先遣队并非在生产场所,而是在街道上达到其理想形式,它暂时不再是机械技术的一个中继站,而是自身就成了一台发动机(用于攻击的机器),或者说,**速度的生产者**。

---

① 收于《马克思恩格斯全集》的《6 月 23 日事件的详情》一文作:"林荫路(巴黎的主要命脉)首先成了群众聚集的场所。"《马克思恩格斯全集》第 5 卷,中央编译局编译,人民出版社,2006,第 131 页。——译注

对于大群居无定所的失业者、被遣散者和无业者而言，巴黎是一张用他们在其上漫游的一系列街道和大路的轨迹织成的挂毯，大多数时候，他们的漫游既无目标也无目的，随时会遭到负责管控流浪罪的警察的压制和打击。对于多种多样的革命团体，比如**阿帕奇人**(*les apaches*)①和居于城郊的其他可疑人群而言，一旦时机来临，**掌控街道**要比占领某个建筑物更管用。

1931 年，国社党徒在首都柏林对马克思主义政党发起攻击之际，约瑟夫·戈培尔(Joseph Goebbels)写道："谁能掌控街道，谁就能掌控国家！"②

柏油路会不会是一个政治区域？资产阶级国家及其权力，是来自居民，还是就存在于街头？它实际拥有的强力和扩张是发生在高强度流通场所或快速交通的道路上吗？

关于发生在柏林的战斗，戈培尔还写道："理想的军队是作为**运动**的褐衫军里的政治斗士……遵从一条他有时甚至都不理解，但却能在睡梦中复述的法令……这样，我们就让这些狂热的生命**行动起来**……"

他还系统性地比对了他最早在各省随后在柏林发表的多次演讲的速记稿，并再次注意到，必须针对首都那种"杂乱无章的社会聚集"发明出一种"面向大众的新语言"：

---

① 在巴尼奥雷(Bagnolet)街发生了一起针对城市交通工具的袭击后，巴黎的媒体让这个词流行起来，袭击者是一群从著名影片《金盔》(*Casques d'or*，雅克·贝克执导的黑色电影，于 1952 年上映)中获得灵感的流氓。

② 《柏林之战》("Kampf um Berlin")，于 1931 年纳粹党上台前两年发表，见于约瑟夫·戈培尔署名的《致党在柏林的一名老卫士》一文。

四百万灵魂构成的大都会节奏如焚风般悸动，充斥于鼓动家的演说之中……一种新的、现代的语言已经在这里被说出，这种语言与那些过时的和所谓的通俗说法完全不同。这是一种前所未有的艺术风格的初次登场，第一种真正具有**生命力**和**刺激性**的表达形式。

暴动会重组暴民（meute，源自猎手和劫掠者的狗群），也能驾驭由工人军队的"散兵游勇"组成的团伙，这些奔走狂（DRO-MOMANES）①只待一名领导者把他们纠集起来，像圣鞠斯特②明确指出的那样，"带领他们像狗一样发起攻击"，给被粗野的刺激和论辩的交响曲动员起来的大众的运动轨迹赋予节奏，他们到处转移，此起彼伏，叠声复色，③恰如注定会被交通信号与规则加剧的冲撞和意外事故造成的冲击，这也正是街头示威和城市骚乱的终极目标。戈培尔还曾断言："宣传必须用言语和图像直接传达，而不是文字。"他本人就是视听手段在德国的推广者。阅读意味着存在反思的时间，这一放缓将摧毁大众的动态效率。如果一座建筑偶然被暴民渗透，它将迅速变成一条通道，任何人都可以任

15

———————————

① 这个词是王朝时代（1789 年法国大革命前）给逃兵起的名字，在精神病学中指的是那种四处乱走的躁狂症患者。

② 路易·德·圣鞠斯特（Louis Antoine Léon Florelle de Saint-Just，1767—1794），又译圣茹斯特，法国大革命中雅各宾派专政时期的领导人之一，曾发表演说要求处死国王路易十六。——译注

③ 该句是马里内蒂（Filippo Tommaso Marinetti，1876—1944）和乔万尼·里斯塔（Giovanni Lista，1943— ）的评论，载于《当今诗人》（Poètes d'aujourd'hui），塞热尔斯（Seghers）出版社。

意进出、带来或拿走东西，也就是仓促间各取所需、为了抢劫而抢劫，正如我们在 1975 年西贡陷落之际看到的那样。

遍及整个历史，存在着一种从未被人们讲述，也从未被揭示过的革命性的游荡，也就是第一次公共交通的组织。无论如何，它本身已经是革命。这样一来，所谓"一切革命都在城市中发生"这一古老信条就来自城市；自 1789 年的一系列事件之后开始被使用的"巴黎的公社专政"这个表述，与其说它表明的是城市与乡村之间的阶级对立，不如说是静止与流通之间的对立。

尽管城市规划提供了足以令人信服的例证，但城市仍不曾首先被感知为一个被快速交通渠道（河流、道路、海岸线、铁路等）渗透的人类居住场所，人们似乎已经忘记街道只不过是一条穿过聚居区的道路，然而每一天，城市里那些车辆"限速"的规定都在向我们提示这种由位移和运动构成的连续性，只有速度的法则在其中实施调节。城市不过是个暂时停留之处，是古代的军事坡面、山脊小道、边境或海岸线等轨迹路线图上的一个点，观看者的视线和车辆移动的速度在此建立起了一种工具性的联系。就像我很久以前说过的那样，只存在**可居的流通**①。举例来说，这种情形在如今的日本尤其明显，那里发生的大规模革命斗争其实可以归结为简单的冲突，对维护城市秩序的公务人员发起的冲击和挑衅，其中，大批经过训练的战斗分子都配有视听设备——摄影机、磁带录音机等。行动者清楚地意识到自身行为的动力学特征，也就是其在场的瞬时性，很快他们就将从他们自己拍摄和记录的街

---

① 《可居的流通》（"Circulation habitable"），载于《建筑原理》（*Architecture Principe*），1966 年 4 月，第 3 期。

道上消失;对作为行人的他们来说,既禁止停留也禁止集会。人们也忽略了 1848 年起义口号中显示出的类似情形,像恩格斯说的那样:"绝望的人群所要求的,要么是面包和工作,要么是死亡。"①事实上,这些工人军团(那些将被暴力驱往外省或被征召入伍的人获得了这个称号)的口号是:"我们要坚守……"我们决不离开! 19 世纪的社会主义乌托邦和古希腊广场的民主乌托邦一样,已经完全被湮没在城市建设的巨大工地之下,而遮蔽了革命和无产阶级化最基本的人类学面向:迁徙现象。

　　1788 年 9 月 21 日,亚瑟·扬②在他著名的日记中写道:"抵达南特后,我前往用精美的白石新建成的剧院。因为是星期日,剧院满座。我的天呐! 我对自己说,难道我穿过绵延 300 英里的土地、荒野、欧石楠丛生的泥塘和沼泽,就是为了接近这样的奇观吗? 没有太大的过渡,你一步就从乞讨跨入挥霍,从泥泞中破败的土屋进入每晚需花费 500 利弗尔③的华丽演出的剧院。"

17

　　新的城市及其财富,还有其中前所未闻的技术设施、大学、博物馆、商店和永恒的节日,它所提供的舒适、知识和安全,似乎是一段艰辛旅程的理想终点,是大众在迁徙和危机四伏的穿行之后,一个最终安顿其各种希望的港湾。这种认识如此深入,以至

---

　　①《6 月 23 日事件的详情》:"街垒上竖起了旗帜,旗帜上有的写着'没有面包,不如死亡!',有的写着'没有工作,不如死亡!'"《马克思恩格斯全集》第 5 卷,第 181 页。——译注

　　② 亚瑟·扬(Arthur Young,1741—1820),英国作家,其写作涉及农业、政治和经济等领域。他的旅行日记《法国游记》(1792),因其对临近大革命时期法国社会的生动描写而备受重视。——译注

　　③ 法国古代货币单位。——译注

于人们迄今为止都混淆了都市和都市气派，把它理解成一个进行社会与文化交流的场所，而它实际上只是一个公路或铁路的交叉处，人们把这种十字路口当成了通往社会主义的道路。

如果市政当局以黄金价格出租临街的窗户、建筑物表面和门廊并收取高额税费，那是因为，所有这些资产阶级居所的建筑细部，在传统上就含有商贸和提供信息的可能。直到今日，荷兰妓女的展示橱窗仍然是对古代这种"弓形窗"的复制，其凸出部分能向往来行人展示一种全景式的视野。街头的景观就是流通，是"天路历程"①式的进步运动和行进——既是旅程又是改进，这一运动被等同于朝向某种更好的东西的进步，一种遍布于中世纪的朝圣。街道就像是一种新型的海岸，居所则像是交通港，人们可以从中测量社会流动的规模与强度，预防其溢出。通往城市门户实施的放行或收费将构成障碍，对大众的流动性和迁徙者群体的穿透力进行过滤。环绕着设防城市的那些古老而危险的沼泽滩涂，美洲的奴隶们居住的"刚果平原"（congoplains），古老的防御工事、郊区、棚户区、贫民区，同样还有收容所、军营、监狱，它们共同针对的问题，与其说是封闭和隔离，还不如说是流通。它们都属于不稳定的场所，因为它们处于两种运输速度之间，扮演着刹车的角色，以应对加速的突破。它们从一开始就被放置在水陆交通的道路上，后来它们被比作下水道、死水、流动性（进步）的中止、运动机能的突然丧失，这将不可避免地对大众造成近乎器官

---

① 见刘易斯·芒福德（Lewis Mumford）：《城市发展史》（*La cité a travers l'histoire*），精神丛书"未来城市"（Collections Esprit "La cité prochaine"），瑟伊（Seuil）出版社，1964，第353页。

性的损伤。"中性的空间,没有被分类的空间,"巴尔扎克写道,"就是巴黎的每一桩恶行、每一起不幸获得庇护的地方。"这正是郊区(ban-lieue,意为"放逐-区域")的起源,它既是一个法定的禁区,也意味着一种线性和时间意义上的距离;换句话说,这是对商品、粮食和牲畜之类的社会物资进行存放和中转的地方。数千年来,"受束缚的"无产阶级一直被类比于家畜:或多或少具有野性的动物变成了役畜、军马和驮兽。无产阶级大众遭受剥削的境况,完美地说明了若弗鲁瓦·圣提雷尔①对驯养的定义:"驯养某种动物就是使之习惯于人类居所或在其附近生活并能自行繁殖。""居住权"并不像人们认为的那样,等同于"进入城市的权利",就好像无产者群体是无组织的野生动物,携带着威胁和难以预料且残暴的能量,只有当他们被"驯养",在人类居所附近集中、繁衍并处在后者监视之下才被接纳——确切说来,这里所谓人的**居住**问题,本身完全不同于无产者畜群在要塞城堡的饲养场、在坚固堡垒郊野的**居留**。以驱赶或圈养的方式,迁徙的大众那种临时性的居留意味着他们与人的居所,也就是城市,保持着相当的距离。资产阶级的原始权力及其阶级特征,与其说是来自商贸和工业(当然,这并非专属于他们;我们都知道修道院和骑士团等在银行、工业等领域所扮演的重要角色),不如说是**通过策略性的定居而将固定居所确立为一种**(货币的、社会的)价值,②将土地投

19

---

① 若弗鲁瓦·圣提雷尔(Geoffroy Saint-Hilaire,1772—1844),法国动物学家,在比较解剖学、动物畸形学等领域拥有开拓者地位。——译注

② 见刘易斯·芒福德:《城市发展史》。受投机影响之前所存有的土地本身被认为是允足的。

机变成不动产(静止)的出售与交易,这一定居权躲在设防城市的壁垒背后,也是在一个旅行者、闯荡者、士兵和流放者等流动人口按照数以百万计的规模奔突迁徙的凶险世界中获得安全和保障的权利。从 1077 年的坎布雷公社(la Commune de Cambrai)①开始,"城市自主权"逐渐渗透到了一切商业都市中。我们很容易就能在地图上对其加以定位——它们都坐落于重要的水道或公路沿线,而在像布列塔尼或中央山脉这样很难到达的地方,则很少或是压根没有出现公社。资产阶级权力的建立与公社革命或许已经称得上是一场"民族解放战争",因为它是本土民众就地反击,进而对抗来自东方的军事占领者所施加的征服。城市自主权最首要的保障在于按照要塞堡垒的样式对古代高卢-罗马空间布局进行重组。构建这样一些固若金汤的堡垒,倒不是害怕当时已投入使用的战争机器,而是为了防备不断引发恐惧、来自外部、由远及近的游民群体的突袭与战略计谋。如果说封建制下的殖民者装修和改造古老的花园别墅、土岗上的城堡,建起栅栏和土堤,为的是不加区别地抵御一切自然威胁和灾害的话,那么继之而起的堡垒要塞的建筑则失去了这种乡野风味,变成了一种纯粹的军事设施。从那时起,它所针对的敌人就只有一个:投身战争之人。此外,暂且不论欧洲古代和中世纪堡垒的明显相似之处,二者的差别就在于,

---

① 11 世纪晚期,一场被称为"密谋"(coniuratio)或"结社"(communion)的运动开始在罗马帝国西部扩散。1077 年,在位于现法国境内上法兰西大区的坎布雷,市民趁主教外出,通过订立互助誓约和建立平等关系等一系列举措,实现了城市自治。尽管该自治遭到摧毁和瓦解,但坎布雷民众围绕军事主权、司法权和城市自治权的斗争一直持续到 1220 年。——译注

后者因其内部空间的建筑构造，①如孔洞、凸出、挡板、高墙等，**战斗得以无限延长**。中世纪那种加固的围墙构建出一个人造区域，并把这个区域变成**一个舞台**，对身体和精神均施以束缚。继马基雅维利之后，沃邦②继续热心推崇这种**避免杀戮**且能**击溃敌手**的手段，它只是构造了一个拓扑学的宇宙，其根本在于"通过一整套机制吸纳某种特定形式的能量（此处而言，就是由进攻者组成的移动大军），**对其加以改造并最终还原为更恰当的形式**"。

20

以同样的原则重组后，公社的堡垒仍然是一个针对其反对者而设的"战略区域"，但后者的性质再度发生改变，即他们首先就成了社会的敌人。除军事功能之外，要塞的壁垒还承担着一种阶级功能；因之而成为可能的"守城"概念令社会斗争无限延长。公社的资产阶级催生了一种新的现象，战争变得漫长而有耐心，拥有了和平似的惰性，不再像古代的内战或乡村冲突区域季节性爆发的暴力行为那样血腥。资产阶级权力的军事性更甚于其经济性，但它最确切的特征，是神秘地持存着的围城状态，这种情形显露于设防地区，也就是那些**"以各种方式造出的大型固定机器"**③

① 维利里奥：《领土的不安》（*L'insécurité du territoire*），收入文集《开放世界》（*Monde Ouvert*），斯托克（Stock）出版社，1976，第77页及以后。

② 塞巴斯蒂安·勒普雷斯特雷·德·沃邦（Sébastien Le Prestre de Vauban，1633—1707），法国波旁王朝时期的军事工程师、陆军将领，参加过多场战争，修建或改建过多所要塞，1699年成为法兰西学院院士，著有《场地的攻击与防御》《筑城论文集》等。——译注

③ "构筑堡垒的课程在工程和炮兵的技术教学中随处可见。"1888。引自沃邦。

[参见沃邦：《场地的攻击与防御》。——译注]

之中。同样,资产阶级飞快地衰败,其固有意志的丧失,同其(在地面冲突方面)军事技术的衰落相联系。在这个时刻,正如孟德斯鸠所说:"随着火药的发明,坚不可摧之地已不复存在。"

克劳塞维茨曾不无羡慕地提到最先出现在意大利的大城市、随后遍及整个欧洲的雇佣军,他们为强大的金主提供服务,只有后者才有能力向军事供应商提供数额越来越大的资金、财产和可转让的股票,在合约完成后,即归供应商所有(由此就引出了"铸币及其似乎以此为基础的军事意味,清楚地表明了这种局面"①)。但他们却不足以在此担当技术顾问或工程师(机械的制造者)。然而,恰恰只有军事工程师才有能力根据时机,在资产阶级的城堡之内保护或摧毁私人的安全。于此,我们遭遇到一种从未被言说过的局面,"食人阶级"即由此孕育——不仅是资产阶级的军队,还包括常设的军事阶层。马克思主义者对资本主义的定义——"活的生命的消费者和死的劳动的缔造者"②——对资产阶级而言颇为恰切,但这得是在它与其军事技术顾问协同的情况下。他们同时发明出生产和毁灭其所生产之物的手段,成为经营战争的企业家,身居于国家武装力量及后来的军工复合体的起源

---

① 《马克思致恩格斯信,1857 年 9 月 25 日》:"军队的历史比任何东西都更加清楚地表明,我们对生产力和社会关系之间的联系的看法是正确的。一般说来,军队在经济的发展中起着重要的作用。例如,薪金最初就完全是在古代的军队中发展起来的。"《马克思恩格斯文集》第 10 卷(书信选编),中央编译局编译,人民出版社,2009,第 135 页。——译注

② "资本是死劳动,它像吸血鬼一样,只有吮吸活劳动才有生命,吮吸的活劳动越多,它的生命就越旺盛。"马克思:《资本论》第 1 卷,中央编译局编译,人民出版社,2004,第 269 页。——译注

之处。正如雇佣兵队长(condottiere)已经知道利用其破坏系统施压于以经济为导向的城市而从中获益,公社的资产阶级自身也已携带着财富与制造毁灭的暧昧结合。

这一致命的混合是一场邂逅的实地表现,它基于以下条件形成:"一个地方的战略重要性并不在于它是一些或多或少出于假定的计谋的结果,而在于地形的配置自身。这将会是交通路线的一个重要节点,无数道路或是河谷交汇的点。"就像我们之前看到的那样,一旦具备这些条件,就会出现人口集中处;哪里有流通,哪里就有聚集。简言之,对大都市的出现具有主导作用的那些条件,同时也总是令其成为战略要地的条件。① 于是,解决方案也就与此相应,**直到 20 世纪**,人们几乎总是将人口最为集中的地点转变成大型的**堡垒**。国防部门则以一种差不多属于中世纪的方式,持续不断地将军事人员和平民混合起来,后者作为(给养、人力、住宿、武器装备等)资源,对军队来说非同小可。资本主义的本质,其财富的稳固,直接来自对围城状态的维护!

如果要塞是一架固定的机器,那么军事工程师的专业任务就在于,针对其惰性展开斗争。"设防的目标不在于阻止军队,遏制**他们,而在于控制他们的运动,甚至为之提供便利**。"德莱尔上校(Le colonel Delaire)在 1870 年写道:"每座堡垒都必须具备一种特殊的状态,一种抵抗力,这对人来说就叫作**身体健康**。在和平时期,我们的工程兵团有责任让堡垒保持健康……"还不止于此:"防御的技巧必然意味着不断地转变;它绝不例外于这个世界的

22

---

① 沃邦:《场地的攻击与防御》。

普遍法则——**静止就是死亡**。"①

　　公社的堡垒是一架城市机器,这种情形使得科尔蒙泰涅②、富克鲁瓦③以及 18 世纪的很多工程师甚至未曾在他们"虚构的围城日记"或"筑防记"中提及从事防御的部队,仿佛城堡能够自行防御似的。维勒诺瓦西④将军则在 19 世纪观察到它在技术上的优越性:"本世纪初以来欧洲人发起的 300 多起围城事件中,防御工事率先崩溃的情形大约只有十几起。"由此,军事人员就表现为坚固堡垒总体设计的附属物。卡尔诺⑤盛赞其中的分工:"事实证明,勇气和技巧一旦分离,各自将无法胜任,但当二者结合,它们则会互相增强。"坚固堡垒中的防御者因此就不再是临时性的。按照沃邦的理念,1866 年 12 月 28 日颁布的法令再度规定,无论

23

---

　　① 沃邦:《场地的攻击与防御》。于此,军事术语再度和城防架构结合起来。就其起源而言,正是在城市中,健康、排出"废物"才成为问题。

　　② 路易·德·科尔蒙泰涅(Louis de Cormontagne, 1696—1752),法国军事工程师,在堡垒修筑、防御工事设计等方面有较大影响。——译注

　　③ 夏尔勒·勒内·德·富克鲁瓦(Charles Louis de Fourcroy, 1766—1824),法国皇家工程部队指挥,战时议会和海军议会成员,法兰西科学院会员,圣路易大十字勋章获得者。他对当时欧洲重要城市进行的几何学测绘为后来的可视化技术奠定了基础。——译注

　　④ 马梅斯·考瑟隆·德·维勒诺瓦西(Mamès Cosseron de Villenoisy, 1821—1903),法国军事工程师,普法战争期间曾在梅斯军官学校教授军事防御,1873 年负责在格勒诺布尔市修建防御带,1881 年以准将军衔退休,有关于奥古斯特·孔德和防御工事方面的著作及回忆录《从塞瓦斯托波尔到梅斯:一位军官的见证》存世。——译注

　　⑤ 拉扎尔·卡尔诺(Lazare Carnot, 1753—1823),法国政治家、军事将领和工程师,曾在法国大革命后的多届政府中担任行政官。——译注

在战时还是和平时期,设防城市的长官都必须常驻城市;同样,驻军则被迫承担日常的任务,每个人都被指派以固定不变、每天重复的职责。

此外,占据马其诺防线的人们已经习惯于把它称作"工厂"。旧式的公社城市消失良久之后,在 20 世纪大型设防堡垒仍然存在的情况下,军事阶层还是能在其昔日资产阶级雇主那里找到饭吃,后者已逐渐变成了"买办"。军事企业经营者与资本主义的利益在这一永恒的战略方案中依然纠缠不清:1793 年,巴雷尔①把年轻的共和国(巴黎的公社)比作**一座遭受围困的巨大城市**,他要求法国**整体变成一座巨大的军营**。资产阶级革命的政治成就之一就在于公社城市机器的被包围状态以及居于其物流坡面和家庭住所之核心的不可移动性被扩展到了整体国家领土。1795 年,卡尔诺的新军队被委以重任,他们将尽可能地抵挡来自郊区的大众的骚扰,环绕圣安东尼(Saint-Antoine)市郊,迫使震惊的工人们将武器交给其麾下的 2 万名士兵,后者"已经不再记得他们同样也来自人民"(巴贝夫②)。

因此,国家的政治权力只不过是一种附属于"一个阶级为了压迫另一个阶级而组织起来的能力"的东西,而在更实际的层面,**国家的政治权力就意味着治理(*polis*),也就是监管(*police*)道路网**。一定程度上,早在资产阶级革命初兴之际,无论出于有意还是无

---

① 贝特朗·巴雷尔(Bertrand Barère, 1755—1841),法国大革命中雅各宾派专政时期公安委员会的核心成员。——译注

② 弗朗索瓦-诺埃尔·巴贝夫(François-Noël Babeuf, 1760—1797),法国大革命时期的报纸撰稿人和鼓动者。——译注

意，政治话语便不过是一系列对古老的公社守城术的继承，即将
社会秩序混同于对(人员和物资)流通的控制，将革命和骚乱混同
于交通堵塞、非法停留和连环撞车冲击。1977 年的法国市政选举
很能说明这一点，因为它在国家疆域层面上重申了巴雷尔将法国
一分为二的古老计划：在资本的核心决策者所处的中心区域，右
派大获全胜，而遍布郊区和外省的**大型住宅区**( le vaste camp) 则投
票给左派，因为他们知道，随着生产性活动的衰退，这些地区将变
成蛮荒之地。**反过来**，这些选举也表明，反对者的话语在何种程
度上仍被资产阶级守城术的反动模式所主导，将大众的运动能力
与其攻击能力混淆起来，犹如《天路历程》( pilgrim's progress) 中的**不
断前进**( Ultreïa )①。但除此之外，这一政治/监管模式近来已被所
有意识形态所接受，它的影响从城市规划扩展到全球治理，从"巨
大的固定机器"到国家机器，最终到星球机器，毫无困难地获得了
实现。如果人们对有着大量用电的稠密人口且不知睡眠为何物
的城市背后的东西一无所知，如果不能从中辨认出与其惰性作斗
争的古老城堡——对它而言，静止就意味着死亡——的模糊轮
廓，那么像"进步"或"改变"的政治这样的词将完全失去意义。

在任何地区，公营住房、宿舍式住宅区或转运港，都被安置在
城市的边缘，靠近公路和铁路的地方。政府坚持在通往首都的所
有门户设置高速公路收费系统，以便对人员实施筛选，还在其就
近安插警察和宪兵总部——这一整套设置只不过是城堡机器各
个部件的重构，其中包括侧翼、凹槽、外罩、挡板和用于进出的门
户，这些都是通过城防机件施加于大众的最初控制手段。

---

① 中世纪的朝圣者相遇时用于互相鼓励的口号。——译注

德国占领法国期间,我们同样也看到在郊区(比如德朗西市)实施的虚假社会安置,它类似古老的收容所,能很容易地变成一个枢纽,从而为更多的转运或驱逐打开通路。无论属于什么样的意识形态,任何极权政体的本性都在于把军队和警察(留意他们的竞争)对于**政治流通**不为人知的秩序所扮演的混杂角色带到前台;同样可以说,极权主义的兴起绝对可类比于国家对大众流通的全面控制。借此,也可以很容易地在历史上对大型国家行政管理体制的起源加以定位:正是作为道路交通大师的叙利①本人,凭借 1604 年的法令让"要塞行政管理"脱离常规,并赋予它一种现代形式,其间尽管发生多次革命,这一形式却一直延续到了 20 世纪。正如托克维尔所说:"**以一种相当含混的方式,要塞的总监同时承担着国家的民事职责和军事职责。**"在路易十四的统治下,梅斯兰(Mesrine)②受命组建一个由矿工、工兵和船工组成的永久公司,它们构成了最初的**工程兵团**,并会进一步取代志愿工程师以及有背景的监工,或像塔拉德③这样的大人物所控制的公共工程承包商,他在同一时期也掌管巴黎的道路系统。这样一来,在 1789 年资产阶级革命的前夜,军事工程部队被授予一项被他们视

25

① 马克西米利安·德·贝蒂纳(Maximilien de Béthune, 1560—1641),第一代叙利公爵(Duke of Sully),法国政治家,亨利四世的得力大臣,曾被任命为道路和公共工程专员,擅长构筑防御工事和炮兵工程。——译注

② 应指儒勒·马萨林(Jules Mazarin, 1602—1661),又译马扎然,法国政治家、外交家,生于意大利,在黎塞留去世后任路易十四的枢机主教。——译注

③ 雅克·塔拉德(Jacques Tarade, 1646—1720),法国元帅、工程师,曾在斯特拉斯堡负责修建拦河坝。——译注

作天职的国家任务：他们不仅要负责构筑/拆除城市壁垒，而且还要把后勤的幅度扩展到整个领土范围（巴雷尔所谓的"大型军营构成的国家"）。因此，也无须对 17 世纪之后异常风行的工程队热潮大惊小怪，这一热潮在 19 世纪的哲学和小说中变成了名副其实的狂热。工程师被尊崇为"文明的祭司"（圣西门语），我们后面还会谈到这一扭曲的形象，但它很自然地在"扎营师"（castramétreur）——教授"根据几何学轨迹划定营地和要塞的技巧"的教士或神职人员——的形象之后出现。（但如拉扎德上校所说，它已经不再是一项军事**专业化**技术，而不如说是几何测绘领域被投射在具体的地点和**整个自然**之上……①）军事阶层并非诞生于旧制度下人满为患的参谋部或办公室，人们会看到元帅和将军们每天例行在那里轮流指挥墨守成规的军队。在同样的情况下，当他们握有大量可供支配的资金时，也就不会冒险提出任何一种统一的思想，也不会有太多的战略创新。于是，唯一需要连续性思维的军事活动只有都市堡垒的后勤方案设计。

26

---

① 拉扎德上校：《沃邦》，阿尔坎（Alcan）出版社，1934。马克西姆·魏刚在书的前言中写道："作者从沃邦的著作中摘引了'国土防御'这一表述，恰好和'地区防御'形成对照；天才之人难道也不总是扮演着先驱者的角色？在对战争伟人中的工程师进行过专门研究之后，拉扎德上校坚持认为，一切形式主义都有其合理性。他确认并证明了，沃邦体系的实质就在于对领土实施防御。直到近些年，我们才更好地意识到，关键问题在于保卫我们的土地。"

［拉扎德上校（Pierre-Eliezer Lazard, 1880—1959），二战期间法军将领。马克西姆·魏刚（Maxime Weygand, 1867—1965），一战时任法军元帅福煦的参谋长；二战初期任法军总司令；法国沦陷后曾在维希政府出任要职。——译注］

正是从这一含糊不清的后勤职责中诞生的作战计划和区域布局的混合物,在资产阶级革命的洗礼中被命名为"国防"。

沃邦是此事的先驱。他是维特鲁威乌斯①的热切读者,并被罗马殖民地的模式深深吸引,他认为战争的基础是地缘政治性的,且无所不在,人文地理学不必依赖偶然性而应该依靠组织技术,以便能操控无限广阔的空间和无限持久的帝国。这一新的军事思想除了涉及早先的道路养护之外,还整合了经济预测、遗传和饮食等问题。自然而然的是,在 1782 年出版**目前已知最早的组织结构图**的人同样也是一位工程师兼防御指挥,即富克鲁瓦,他著有《关于测绘表的论文,或一名业余爱好者为了消遣对若干城市之量值的测算,附上述城市在同一量度上的对比图表》一文。此文与卡西尼②为法国绘制的科学地图一起,共同构成同时代的并峙双峰。

这一军事思想试图通过功能性的规划消除偶然(被它视为灾难和毁灭的代名词),从而在旧制度末期完全混同于资产阶级的阶级政治观念,如对理性化术语的偏爱,不知疲倦的总体性③书写行为(百科全书派),在城市入口处发生的渗透,公路和街道之间可互渗的膜等。众所周知,巴黎市政部门的第一任首脑,同时也

27

---

① 马尔库斯·维特鲁威乌斯·波利奥(Marcus Vitruvius Pollio,生卒年不详),古罗马建筑师、工程师和作家,著有《建筑十书》。——译注

② 让-多米尼克·卡西尼(Gian Domenico Cassini, 1748—1845),意大利裔法国天文学家族和制图世家的第四代。"卡西尼地图"又称"法国全图",采用三角测量法和测地法绘制而成,在法国大革命之后被国民议会收归国有。——译注

③ 此处 totalitaire(总体的)也有"集权主义的"之意。——译注

是商业公会(Hanse)①的出资方。市政厅控制着水岸的入口,而船只仍然是这一水运之城(nauta-cité)在交通工具方面的象征物。同样的看法在 1749 年再度出现,比如,警察局长纪尧特(Guillaute)在他的著作中就写道:"如果我们按照一套严格的交通规则对处在城市和乡村之间的人的时间与空间进行配置;如果让人们对时刻、路线和信号保持同等程度的操心;如果整个城市就其居住标准而言变作透明,也就是说,在警察眼里一览无余,那么公共秩序就将占据支配地位,从此将不再有闹事,不再有抓捕,也不再有骚乱。"

如今,很多人很晚才发现,一旦革命的"第一次公共交通"成为过去,除了军队(国防)和警察(治安、检举、拘留营),社会主义就会断然清空自身的一切内容。

28　　看来,回归事实的时刻已经到来:革命就是运动,但运动却并非革命。政治只是个变速器,革命无非是它的过载状态:作为"政治以其他方式的**延续**"的战争,则更像是以更快速度和另外的交通工具实施"警察式的"追捕。路易十四时代非常明确地镌刻在火炮部件上的铭文**最后的理性**(*L'ultima ratio*),很好地表明了这种变速的过程,火炮是一种混合型的机械,它综合了两种位移的时间:拖车牵引炮架的快慢和作为理性最终论据的炮弹那闪电般的发射与爆炸。同样道理,当内战朝向城市冲突的加速转变一旦中

---

① 人们应该把那些"利用河流进行水上贸易的商人"称作"巴黎公会"(La Hansa parisienne)。见《法国古代法律汇编》(*Anciennes lois françaises*),第18卷。

止，"政治社会主义"，由于其**政治本性**（治理），通常就会陷于失败，别无出路……

对于当今不断扩散的城市游行、流动示威，甚至像 1977 年 4 月发生在蒂永维尔（Thionville）那样的"失业者集会"，很多人颇不以为然。他们其实没有看到，在 1968 年 5 月运动盛会式的辉煌之后，这样的行为展现出了怎样的社会或专业有效性。然而，这些从城市街头和障碍赛中产生的物种，更多是被西方革命文化当作典范的一个恰当目标，而不像《真理报》（*La Pravda*）在 1976 年夏天再度提出的那样："街头游行是工人夺权斗争的最佳准备……"

早在旧制度之下，君主的肉身与国家融为一体，他**身处的地方**就是国家之所在，一旦国君的居所变得不稳定，人们就会目睹动荡和叛乱。一旦获准觐见至高权威，麇集在皇宫的巴黎市民就会心平气和地离开。同样，对于来自乡村和郊区的无产者群众而言，深入巴黎的心脏、脚踩着巴黎的大路和奢华街道这样简单的事实就是非常具体的办法，这会缩短大众和资产阶级国家的权力构造之间真实且能够度量的社会与政治距离。事实上，旧制度下的群体性运动通过四处游荡来征寻君主/国家治下的人员，已经预示出交通流的这种新的组织方式，也就是后来被我们武断地称之为"法国大革命"的东西，其实不过是经过理性化组织的一种社会劫持。1793 年的"全民征兵令"（Levée en masse），则是**对大众的劫持**。

就服务于资产阶级的堡垒而言，革命宣传中宣扬的话语与古老的宗教话语如出一辙，它疏远并劝阻移动的大众，它派定的新型革命国家不在城市和街道之中，而是在远方，处于普遍而永恒

29

的突袭所具有的那种过度之中。格雷古瓦①写道:"要是像拥抱世纪的延续那样接受各省的扩张……就能避免那种广为流传的偏见,这种偏见会把共和国限制在一个非常狭隘的地域之内!"(1792 年 11 月 27 日)但与此同时,资产阶级则立即把新的财产和不动产分给自己,并且用死刑威胁任何触犯所有权原则的人(1793 年 3 月 18 日),而他们当作领土加以"征用"的东西,则是欧洲的道路。罗马法已然裁定,"足迹到处,即是祖国"(ubi pedes, ibi patria)。随着法国大革命的发生,所有的道路都变成了国有的!

巴黎的无裤党(sans-culottes,又译"无套裤汉")运动早于 1793 年的"全民征兵令",正如更晚时候,希特勒的冲锋队制造的可怕事件先于德国的总体战动员。和冲锋队一样,无裤党成员也是一些奔走狂,是革命降临到巴黎的路面上之前被派出的"恐怖的信使"。1793 年 3 月 21 日颁布的法令规定了他们的特定职能——这些政治军事狂热分子只不过是恐怖的物流代理、"警监"的成员:告发"可疑者"、监视街区和大楼、发放良民证和逮捕证,同时也发放供给,导购和配送食品,控制价格……到了 5 月,他们将会被纳入内务部队,以其地狱般的队列挤满外省的道路;一年后,他们的首领即会被处决,正如冲锋队的最高领袖在 1934 年 6 月 30 日的"长刀之夜"遭遇的下场。

革命不过是对古老的社会性攻击的改造和挪用。身为工程

30

---

① 亨利·格雷古瓦(Henri Grégoire, 1750—1831),法国高级教士,在大革命期间曾支持将天主教堂国有化并为犹太人和黑人辩护。——译注

兵团优秀成员的卡尔诺则疏导这种浪潮,让它远离市镇堡垒而朝向"军事地带",他总是倾向于从巴黎的民众武装中征选他的兵员,参与"热月政变"的士兵们就这样被从他们想要征服的街上连根拔去,投进一次荒谬的远航、一场由漫长且伤亡无数的"强制行军"构成的驱逐。卡尔诺写道:"新的军队是一支由**永远处于攻击状态**、伴随《马赛曲》的歌声**以千钧之势摧毁**敌手的大众组成的军团。"国歌只不过是一首在路上唱的歌,它规定了行军的机制。布米耶①在他的回忆录中写道:"人们从没这么唱过歌……**歌曲是一种强有力的革命手段,《马赛曲》给大众通上了电……**"

数学家卡尔诺和医生布米耶并没有弄错,革命歌曲是一种动能,它把大众推向战场,推向莎士比亚曾称之为"死亡杀灭死亡"的那种攻击行为。事实上,因为敌方炮兵肩负的就是这样的任务,步兵唯一的办法就是快速冲向大炮,当场杀死炮手。但在抵达之前,步兵拥有的时间极其短暂:也就是大炮重新装弹所需的时间。因此,大炮一开火,步兵就得迎着炮弹冲向敌方;他的生命也就取决于他的奔跑速度,要是太慢,他就会在喷火的炮口前直接被炸成碎片……在这场新的战争中,一切都变成了人如何从他注定将迎面遭遇的致命抛射物那里赢得时间的问题,速度在更加绝对的意义上就意味着赢得的时间,因为它变成了人直接从死亡那里夺取的时间——历史上进攻部队对大规模屠杀的不祥标志的炫示,比如说**快速部队**(普鲁士枪骑兵和纳粹党卫军)使用的黑

31

---

① 弗朗索瓦-路易·布米耶·德·拉·西布提(François-Louis Poumiès de la Siboutie,1789—1863),法国医生、作家,著有《一个巴黎人的回忆:历经六个政权、两场革命和一个共和国》。——译注

色旗帜和制服、骷髅等就来源于此。但除此之外,对于这场很快将完全简化为向时间发起的永恒袭击的革命,我们还能作何感想呢?卡尔诺的大众军团永不停歇的攻击是古老的"跑在自己前面"的翻转——得救不再存在于躲避之中;而是"朝着死亡奔跑",是"杀死你的死亡",**得救仅存在于攻击之中**,因为新的弹道装置已经让躲避变为徒劳,它们比士兵跑得更快更远,会追上并超越他。看起来,战场上的人不会获救,除非他通过一种自杀式的方式以和弹药运转相同的速度把自己插入弹道,在此他还将受到新的军事法庭的无情驱使,以至于"腹背受敌"!**从此之后,普遍的获救将不会降临,除非全体大众达到同一速度**。拿破仑说得很清楚:"战争的才能就是运动的才能。"他还明确指出,要想评估军队的力量,就必须"把它当成一台机器,看看它的质量乘以速度的结果"。

黑格尔对法国革命满心羡慕,他在 1807 年 1 月写信给朋友说:"每个法国人都学会了直面死亡。"他还特别把古老的政体比作"儿童的鞋子,已经变得太紧,**有碍前进的步伐**,革命者知道应该摆脱它"。总是通过一种不自觉而又生动的隐喻,新的战场辩证法以哲学和政治的术语被转写出来。装备不良的法国士兵的确在直面自己的死亡——直面他们正把自己抛向的喷着火的炮口黑洞。这支"侏儒的军队"(歌德语)需要的是一双"七里靴"①:"当我们期待一群巨人抵达德国的时候,见到的却是一群侏儒。"不过这倒也正常,因为他们可能的身高是**基于其在路上的行进速度来估算的**,个子高的人想来步伐也会更大,但却没有考虑到新的因素:**革命大众的动力学能量所获得的异常发展**。这一话语把

① 童话故事中穿上后能让人一步跨行七里的神奇靴子。——译注

获取高速度的袭击、入侵甚至爆炸看作一场革命的"机械学",作为其象征的,首先是对街道的征服,随后是在公路上获得的"解放(解散)"。意味深长的是,每一次总体战都会重复这一程序:德国的国家社会主义者,资产阶级的敌人——他们至少如此声称,以便**动员**起冲锋队的奔走狂们——逐个城市,或者不如说是挨个街道夺取了德国的政权,随后沿着高速公路向邻近区域扩散,就仿佛德国大众被其领袖的**鼓动宣言**所"发动",再也停不下来似的。在冲锋队占领街道并实施杀戮之后,国家社会主义的机械设备仍将复归其平日里的驾驶员之手,即担任行政管理的中小资产阶级;20 世纪 20 年代以来资本主义的巨大发展为他们提供了重要的补助;德国国防军(Reichswehr)以及隆美尔和古德里安的车辆把军事前线拓展到"坦克所及之处"。随着国家社会主义者发动闪电战,旧时的边墙消失了,公然被快速道路所取代。此时,德意志民族已不再由他们著名的皮靴——其军队之象征物——落地之处所定义,而是建立在其坦克的履迹之上,存在于其"钢铁前线"的机动驱力当中。就像拉采尔①在 19 世纪末所写的那样:"战争就是把边界推进别人的领土。"从此以后,**前线将不过是一条更新了古代奠基仪式的战争等压线**。但对发动总体战的速度专政狂(dromocrate)来说,曾一度令其垂涎欲滴的东西已不复存在于城市之中,自古被称作"开放之城"的华沙,在 9 月的空袭中被摧毁。

---

① 弗里德里希·拉采尔(Friedrich Ratzel, 1844—1904),德国地理学家、民族学家,著有《人类地理学》《政治地理学》等,倡导"国家有机体说"和"生存空间说"。——译注

# 二、从公路权到执政权

> 攻击因毁灭性机器的发明而变得多样。
>
> ——让·埃拉尔·德·巴勒迪克①

　　纳粹夺权之后,就开始向德国无产阶级提供体育和运输。没有暴乱,不需要更多的镇压;要想清空街道,只需承诺每个人都可使用公路。这正是大众汽车(Volkswagen)的"政治"目标,一场名副其实的全民表决,因为希特勒说服 17 万市民去买,而当时连一辆都还没生产出来。国家社会主义汽车军团(N.S.K.K.)按照私家汽车的类别在各地组建,它很快召集到 50 万名司机并训练他们在各种地形驾驶、边开车边开枪射击等。通过这样的训练,这些"运动"俱乐部的每位成员就重现了作为他们先驱的儒勒·邦诺②

---

　　① 让·埃拉尔·德·巴勒迪克(Jean Errard de Bar le Duc, 1554—1610),亨利四世时期的皇家工程师。——译注

　　② 儒勒·邦诺(Jules Bonnot, 1876—1912),20 世纪初活跃于法国的"邦诺团伙"的核心人物,曾在法军服役并与无政府主义团体有来往。——译注

或阿尔·卡彭①开车作案的技能。如果布莱希特 1941 年的剧作《阿图罗·魏的有限发迹》真的是把一名黑帮头领当成了希特勒的化身，那其中的相似性远不止于简单的戏仿。移民群体在美国获得权力的过程和法西斯主义的悲剧或 1911 年邦诺那种无政府主义式的冒险一样，与交通领域的革命脱不了干系。正如墨索里尼和希特勒，美国黑帮的大人物们最早也是一群在街上讨生活的流浪汉、外国人——著名的吉姆·科洛西莫②刚开始是街头清洁工，和他的很多同胞一样，通过选举代理或是上门推销的方式，很自然地就跨过门槛，进入政治的领地。

34

随后，市政当局仍然处在驾驶冲锋部队汽车的"褐衫军"的影响之下，因为 20 世纪 20 年代的汽车崇拜依然在持续，其中包括劫持、枪战、街头冲突、装甲车辆肆无忌惮地追逐，而这只不过是来自欧洲或亚洲的大规模流动人口向城市及其财富发起的、速度专政型的袭击当中新的技术章节，它随后就将转变成针对美国自身的袭击。难道阿尔·卡彭不曾在全国层面受到共和党的支持？难道他获得的"训练"不应该归功于他在美军服义务兵役的经历？黑帮组成的无名军队在意大利解放时的最后一战中再度暴露于天光之下，他们被称为"美国好公民"。

在另一个层面，我们将会更好地理解美国政府如何克服了 20 世纪 30 年代的经济危机，并且从其民众身上消除了"街道的诱

---

① 阿尔·卡彭（Al Capone，1899—1947），意大利裔美国黑帮首领，20 世纪 20 年代芝加哥犯罪集团较有影响力的领导人。——译注

② 吉姆·科洛西莫（Jim Colosimo，1878—1920），绰号"大个吉姆"或"方块吉姆"，意大利裔美国黑手党头目。——译注

惑"。黑帮体验过的速度主宰在这里并未过时。工程部队取代了
对暴乱的直接镇压，政治话语本身则被对此话语本质的揭示所代
替：汽车批量化生产（由福特在 1914 年开启）后的交通运输可能
会变成一种社会冲击，一场足以再度改造市民生活方式的革命，
它将改变消费者的所有需求，对领土进行全面重塑，要是有必要
在此指出的话，这片领土在 20 世纪初还只有不到 400 公里的
道路。

35　　赫尔穆特·克劳茨①博士在 1937 年写道："国家社会主义汽
车社团是个有严格限制的组织，它能直接服务于德军的机械
化。"如果说他认为机械化在距离较远时用处不大的话，他却显
然意识到，它能在短距离范围内**将攻击力提高到一个非同凡响
的程度**。

在大洋彼岸，批量生产的美国车那粗俗的美学经历着永不停
息的变形，车体和车身装饰招摇而夸张，宣示着永不止步的社会
革命（**朝着"美国生活方式"的进步**）。但与此同时，这一庞大的
汽车躯体却是被阉割的，它的道路管理存在缺陷，它的马达驱动
力受到限制。限速的法律涉及政府行为，这也就是说，对道路实
施政治管理，其目标恰恰在于对大众的机械化所创造出的"非同
凡响的攻击力"进行限制。这种强加于驾驶者的挫败感剥夺了他
在高速行驶时醉酒般的快感，这一针对交通工具的禁令也是美国
宪法中具有超越性的新事物。

"数以千计的年轻人学会驾驶，自学机械和无线电用于摩托

---

① 赫尔穆特·克劳茨（Helmut Klotz, 1894—1943），德国记者、出版家，
曾加入纳粹党（NSDAP），后转向德国社会民主党（SPD）。——译注

拉力赛或掌握交通状况，"万尼瓦尔·布什①1949 年在《现代武器与自由的人》(*Modern Arms and Free Men*) 中写道，"他们身处名副其实的训练营之中……一旦考验之日来临，这种训练很容易就能在最短时间内转变成组装复杂的战争装备的能力。"大洋两岸发展出的是一种对称性话语。

不断开发无组织的大众的运动能力并把它当成一种**社会解决方案**，这并不只是工业化国家的做法。早在汽车之前，鞋子已经因大规模武装的需求而成为提交给民营企业的问题。1792 年，军需部门能向"光着脚"的部队提供 200 双鞋，但实际需求却是80000 双。② 可是，由于"行军是军事行动之外的另一种战略手段"，我们会发现，这种攻击首先针对的就是时间，而且在理论上，即便缺乏物质手段也能实现。

目前，对立党派的斗争围绕劳动者的"交通时间"展开。这仍是一个关于"赢得时间"的问题，我们也可由此回溯社会"变形"的起源。我们所处的水平是 1848 年的人们颇为熟悉的"三个八�|革命"——八小时工作、八小时睡眠、八小时休闲。更值得注意的事实是，从这一诉求被提出来的时候起，它在所有革命运动中的独特价值就在于，以此为源头，从温和派到极端派的各政党**得以达成一致**，劳动者们发起的这种"时间之战"，"具有一切革命诉求

36

---

① 万尼瓦尔·布什( Vannevar Bush, 1890—1974 )，又译范内瓦·布什，美国科学家、工程师，信息论和计算机技术先驱。二战期间创立美国科学研究局( OSRD )，曾直接参与"曼哈顿计划"等军事科学项目。——译注

② 军备企业此时已拥有 5000 名工人的生产组。

的优点,却绝无缺点"①。于是,它在 1917 年秋天被苏维埃共和国采纳并推进,在 1918 年则被魏玛德国采纳。

一战刚结束,法国政府就担心 5 月 1 日这天会出现流血事件。而事实上,1919 年的这一天,一场规模庞大的游行再次被组织起来,政府也知道唯一的口号将会是"八小时"。可是,社会党的领导人的特点难道不在于对其所拥有的权力表现出相应的责任? 他们中的一个不也已经是军备部的主管了吗? 因此,承诺"八小时"就变成了"守护一个决定性的封印,**让战时已经存在的东西,即神圣的工会,在和平时代继续保持**"。

就在 1919 年 5 月 1 日这天,无产阶级再度被驱散;它刚刚离开遍布战壕的坡面,却发现自己在城市街道构成的坡面之中,又一次"直面死亡"。经历了最初几天的拥抱之后,被理解为市民对战斗部队的"迟到的忘恩负义",其实不过是对常态的复归,复归到市民对重获运动自由的游民组成的大众根本的蔑视与不信任,后者再次变成有待政治斗争召唤的对象……到了 1936 年,在此之前一直保持神秘性的"八小时休闲"的确切本质被揭示出来:休闲就意味着带薪休假,而带薪休假则意味着旅行——甚至就像《最后的旅程》("dernier voyage")这首歌曲以一种奇怪的方式凸显出的那样,是一场关乎交通而非幸福的革命,这首歌曾因"人民阵线"对舒心惬意的自吹自擂而变得相当有名——通往露营地的帐篷、青年旅社/童子军营、领土中的大型驻地的旅行。可是,西

---

① 安德烈-弗朗索瓦·邦赛(André-Fançoise Poncet)、埃米尔·米罗(Emile Mireaux):《法国与八小时制》(*La France et les huit heures*),经济信息学会(Société d'études et d'informations),1922。

班牙内战的爆发和法国的不介入，难道不已经宣告了坚持拒绝超越这"最后的旅程"的人民阵线的死亡？

资产阶级政治人物对速度专政话语的操纵和滥用，早就该让我们对其真实的革命意图产生警惕。

1789 年的大革命想要反抗**约束**，也就是说，**反抗**以古代封建奴役制（如今仍残存于某些地区，如汝拉山脉）的形式表现出来的强制性的**固定**，是一场针对被迫定居某处和专横的禁闭的造反。但没人想到，蒙田所珍视的"作为战利品的来去自由"，挥手间就**将移动变成了一种强制**。1793 年的"全民征兵"首次确立了**对运动的独裁**，它巧妙地取代了革命早期的**运动自由**。这第一个现代国家的权力现实似乎发生在暴力和运动的累积之外。简单说来，就巴黎人民而言，1789 年 7 月 14 日攻占巴士底狱简直就是一个**福柯意义上的**错误：**监禁的著名象征物已然是一座空的堡垒**，暴动的人们吃惊地发现，高墙后面并没有等着被"解放"的人。

革命的战略模式向两大主导阶级提供了特定的无产阶级：被送上"公路区域"的大众军团和"行军族"构成的军事无产阶级，以及工业无产阶级，即所谓"工人军队"，后者仍被封闭在国家领土构成的**巨大营房**之中。我们可以借此清晰地识别出如此被动员起来的无产阶级所具有的两种基本功能（或者说功能化过程），因为没有什么比国民公会在 1793 年 2 月通过的法案更加彻底地设定了无产阶级化的条件："青年必须参战"，而"已婚男子、妇女和儿童必须被强制从事制造（包括武器、服装、帐篷、绷带等）"——简言之，从事后勤供应工作。于是，我们看到，新的商业资产阶级倾向于通过累积工业无产者的**生产性动作（行为）**来获取财富(吉伦特派的资产者和军火供应商,瑞士银行和巴黎的佩尔戈等),军事阶层累积的是移动中的大众**毁灭行为**,**毁灭的生产**则由无产阶级的攻击能力来实现。

人民被称作"历史发展的动力",这一政治隐喻如此紧密地追随着后勤学的发展,以至于它应在历史中获得一个地位。作为历史的军事科学,不过是对已经消失的身体的动力学进行持续感知;反过来说,身体也会显现为历史的载具,变成它的动态载体。拿破仑三世曾声称:"对从事战争的人来说,记忆就是科学本身。"

# 第二章

## 竞速性的进步

Le progrès dromologique

# 一、从空间权到执政权

45

> 靠水维持的生物是一种眩晕的生物。它每分钟都
> 在死去;它的存在即包含着不断的崩解。
>
> ——加斯东·巴什拉①

一幅 19 世纪的英国漫画画着波拿巴(Bonaparte)和皮特②在用刀具切割一个地球形状的巨大布丁,法国人拿走了大陆,而英国人则占有了海洋。这是分配世界的另外一种办法,与其说是在同一区域、同一块有限的战场上展开的对峙,不如说是两位敌手决定在两种人性之间展开具有根本性的身体对抗。一种人居于陆地;另一种人则在海上生活,他们创造出的国家不再与土地相

---

① 加斯东·巴什拉(Gaston Bachelard,1884—1962),法国哲学家、科学家、诗人,代表作有《火的精神分析》《空间的诗学》《梦想的诗学》等。——译注

② 小威廉·皮特(William Pitt the Younger,1759—1806),英国政治家,曾出任英国首相。在其父老威廉·皮特(1708—1778)通过对外战争为英国奠定的世界地位的基础上,对欧洲大陆推行均势外交政策,筹组反法同盟,将印度纳入英国殖民管辖并开始对澳洲实施殖民。——译注

关,这是无人能够涉足的祖国,不再是来自故土的祖国。大海是自由的,是民众和解放的元素(运动)交汇之处。"制海权"正如后来的"制空权",似乎是一种西方独创的东西,后者将成为空军元帅戈林①梦想着要赋予**飞翔的民族**②即纳粹民众的元素。"每个德国人都得学会飞行。翅膀就在人的皮肤下面沉睡。"在观看首次火箭发射之际,对即将到来的军事失败有所预感的希特勒对多恩贝格尔③说:"要是我早些相信你的工作,战争就没有必要了"——**或者应该说至少不必从事战斗了!**

我们知道,英国一直在面对一个大陆敌手,力图不战而胜之,后者不停地进入陆地战场的有限时空,并因此而筋疲力尽。和拿破仑一样,希特勒将被**存在舰队**(*fleet in being*)④击败,它总是因无法被战斗触及而获得胜利,它放弃了那个有害的原则,即一旦敌人进入视野就必须立刻展开攻击,那将缩短敌我之间的距离。**存**

---

① 赫尔曼·威廉·戈林(Hermann Wilhelm Göring, 1893—1946),德国纳粹党领导人之一,在第一次世界大战期间以飞行员身份获得过军事勋章,曾出任德国空军总司令、冲锋队总司令、经济部部长等职,创立了秘密警察机构"盖世太保",后在纽伦堡军事法庭上被判绞刑。——译注

② 蒂耶德(F. Thiede)、施马赫(E. Schmahe):《飞翔的民族》(*Die fliegende nation*),德意志联合出版公司(Union Deutsche Verlaganstalt),1933。

③ 瓦尔特·多恩贝格尔(Walter Dornberger, 1895—1980),德国炮兵中将、火箭工程师,曾参与 V-2 火箭的研制,1947 年移居美国后出任美国空军顾问。——译注

④ "从 17 世纪末开始,海军准将赫伯特构想出的'存在舰队'这一说法,已经标志着对敌手的约束从存在过渡到了生成,这意味着海军装备和近距离战争的终结,舰艇编队的数量和火力变得无足轻重。"维利里奥:《领土的不安》。

**在舰队将后勤学战略发挥到了极致，它把战略当成一种看不见的身体的运动艺术**，它是一支永存海上的看不见的舰队，它能在任何时间、任何地点发起攻击，并通过创造一个全球性的不安全地带而歼灭敌人的权力意志，在这种情况下，确定的"决断"、**意愿——**换言之，战胜——都将绝无可能。因此，它首先是一种新型的暴力观，它不再来自直接的对抗和流血，而来自身体性能的不对等，来自对其在既定条件下所能产生的运动数量的评估，来自对其机动效率的不断确认。如果说拿破仑是从机械层面上判断一支军队的强大程度的话，那么萨克斯伯爵①则是欧洲大陆率先领悟到**暴力可以直接化约为运动**这一事实的人之一："可以确定我不赞成战斗，我愿意相信一名老练的将军**可以终生从事战争**，却并不把它看作**不可避免**的。"然而，对于西欧这样一个局促而多变的地区来说，人们无法在"消灭敌手"的同时，又最终避免陷入日益壮大的军事化大众之间总有一天会出现直接对峙的绝境。德国的受禁锢状态是这一历史性领土限制的最佳例证，也是造成普鲁士军事理论中生硬而嗜血的黩武主义的原因。此外，在巨大的海面上，国内舰队却几乎能够无限回避战斗，要是双方同时在场，只要它保持在射程之外，就不会**在任何一次殊死冲突中**被敌手逼入绝境。

47

不仅不会被迫决一死战，而且还能让敌手滋生出无限的绝望，在道德和物质上遭受持久的痛苦、削弱并**消解**，这种间接型战略能在不流血的情况下让一大群人因绝望而放弃。正如谚语所

---

① 莫里斯·萨克斯伯爵（Maurice comte de Saxe，1696—1750），欧洲著名军事将领，曾任法军大元帅，著有军事理论著作《我的沉思》。——译注

说:"恐惧是柄无情刃,不用动手就要你命。"归根到底,幸福这一发明,在圣鞠斯特看来是新出现于欧洲的观念,对欧洲人而言,它或许不过是抵抗来自海洋的道德约束及其自身实体丧失的一种方式。

1914 年,直到协约国实施封锁两年后,德国市民才感受到它的后果,这些后果一直持续到地面冲突结束很久以后,并成为大萧条的非直接因素。正是这一持续的绝望为纳粹的狂热政治和法西斯主义对德国人民的驯化提供了土壤。与之类似,我们今天在西欧看到的物质和道德的快速崩溃正是美国地缘战略转换的长期结果,它从远处在我们的大陆制造出一场新的经济与生理危机。

间接型战略受到商人们的青睐,他们用另外的元素复制出古老的公社守城效果。和古代的"围城状态"一样,它使得针对全体人口的"无限延伸的敌意"成为可能,只不过"平民"在这里换成了"欧洲人"。

48　　这意味着资本主义的复兴,因为它恰好是对古老的要塞的技术性超越,后者已被新的国家武装力量摧毁,变得过时,也是对欧洲大陆军事阶层高昂的经济需求及其主导地面交通流的要求的回应。

归根结底,经济自由主义是对埃拉尔名言的最佳图解:"**攻击因毁灭性机器的发明而变得多样。**"资产阶级对领土之战这一概念的粗暴拒绝,从此之后就变成了一种新型资本主义的指导性原则,这是一种水陆两栖的资本主义,它在海上和殖民地发起总体战;它从"巨大的固定机器"一跃而变成"移动的机器",使得海洋成为一个"巨型物流营地";拖在它后面的,是承担航海装备运行的无产阶级,划船者组成的无产阶级是该机器的真正引擎,也是其战斗时的加速器。

存在舰队创造出一种新的速度主宰理念,使得问题已经不局限于从一个城市穿越一片大陆到另一个城市,或是从一个海岸穿越一个大洋到另一个海岸。存在舰队发明出无须时空定位的位移这一观念,它提出了一个根本性的问题,即消失在距离中,而不再是消亡在战火带来的风险之中,它开启了一场不停歇的永恒竞赛。机械的结局于此无论如何都必然会变成不归路,变成七零八落的漂浮机器的标准命运,或者变成对海难的模拟,就像预感到灭亡的潜艇为了躲避追击而喷射出伪装性的碎片和燃料,也像是那些最后一次被拖近海岸的旧战舰,它们将在最终爆炸的荣耀中沉入海底。这里上演的是舰船的大型葬礼,船只将被卷入涡流形成的液态漏斗,卷入一场同样通往不归路的竞赛。

49

戈登·皮姆(Gordon Pym)①和莫比·迪克(Moby Dick)②不过是以故事的形式预示了核动力舰艇的出现。战略潜艇已经无须到任何具体的地方去,只要它不被看见,就足以控制海洋,但它的结局已经按小时被标定。此外,只要存在舰队变成制海权的基本前提,任何类型的探险者、发现者和远足爱好者要是还想找到新的土地,就必须同样致力于通道的发明,从而既无所谓出发,也无所谓到达;也就是说,要实现一种绝对的、连续不断的环程旅

---

① 埃德加·爱伦·坡的长篇小说《亚瑟·戈登·皮姆的故事》(首版于1838年)的主人公。小说讲述了皮姆乘坐一艘捕鲸船前往南极,途中遭遇船员哗变、暴风雨、幽灵船、杀人雾等的历险故事。——译注

② 赫尔曼·梅尔维尔的长篇小说《白鲸》中船长亚哈舍命追逐的白鲸的名字。——译注

行,这也是对欧洲重商主义者的环形或三角形航路所预示的不归路之环的实现。

由此,一种新型的政治权利就在海上被创造出来,"制海权",据称,它"最初更多是一种出于情感和诗意而非理性的实体"。对地中海地区的城市来说,众多民族居住在人口过剩的岛上,物产匮乏,面积又很小,他们确乎梦想着通过"在海上劳作"创造出航海的族类。这地方好像也不支持任何古代的陆地法则。**开放的海洋**会抵消一切社会、宗教和道德的束缚,抵消一切政治和经济的压迫,甚至抵消由地球引力所造成的物理法则的限制。然而,制海权很快就变成了犯罪的权利,变成了一种同样免除任何束缚的暴力……随即,"海上帝国"就取代了开放的海洋。17 世纪的编年史家甚至能在海岸上看到它的后果,在那里盛行的是"吃海难这碗饭的可怕的人们对海难幸存者实施的屠杀与掳掠,而这些海难正是由于他们迷惑性的照明造成的"。在附近海域,他看见的只有**海上的习俗所认可的那种过分**。

"这是一种残暴的独裁,以商业垄断的名义,它渴望着对海洋实施**排他性的主宰**……这样一种征服的权利,被威尼斯、西班牙、里斯本和荷兰相继实现。"稍后他还写道:"可怕之处在于,所有这些强大的海上组织并非国家的所作所为,而是这些民族的商业技术人员自发的产物,国家所扮演的角色充其量不过是对其加以事后认可。"最终看来,像拉菲特①这样的投机商人和冒险分子赞助

① 雅克·拉菲特(Jacques Laffitte, 1767—1844),法国银行家、政治家,曾在当时欧洲最大的银行佩尔戈公司担任董事,1814 年出任法国中央银行总裁和商会会长,在 1830 年革命中任众议院议长。——译注

了马克思《共产党宣言》的出版，就是一个不那么令人感到惊讶的事实了。在马克思看来，跨民族的国家突然从社会之中出现，这是"社会演进到特定时刻的必然产物"，非常类似于"海上货轮"所形成的自发王国，从这些货轮中诞生的现代世界第一个工业化民族将无所不在，它痴迷于商业交换，只服从经济利益的驱使，醉心于吞噬、摧毁敌手的身体与财产。这个集权专制国家的人口已"解除缆绳"，脱离陆地，成了第一个绝对符合马克思关于工业无产阶级定义的阶级："工人没有祖国……把工人固定在土地上的那条脐带应该被切断……"①在英格兰，到了19世纪，他们征召海员的办法还只不过是凭着国王的命令把港口封闭起来，围捕其中的渔民。在17世纪的法国，随着海战的工业化，人员需求日益增长，他们就对整个海岸地区的人口进行统计和登记，宣布其"已被招进一支庞大的军队，将轮流从事战争、贸易和土地开发等活动"。这就是所谓的兵种系统。这是第一次由国家鼓动的军事无产阶级化过程，它恰好略早于法国大革命，同样也是大众第一次有机会接触到公共交通。此外，关于新的无产阶级的"国籍"问题，当时还很少见，但已经浮现出来。一旦在总体战中被押送到集中营，他就必须对其出身的合法性给予证明；如果他是外国人，就必须在五年之后入籍。开小差将遭到严厉的镇压，而且务实的国家还对家庭实行社会控制，以被征兵的工人家里"妇女和孩子的保护者"自居。然而，战争规模的扩大使无产阶级化的扩大再

---

① 引文后半句出处不明。《共产党宣言》中的相关论述为："工人没有祖国。决不能剥夺他们所没有的东西。"《马克思恩格斯选集》第1卷，中央编译局编译，人民出版社，1972，第270页。——译注

次面临司法和警察的抑制：无产者被随机征召，他们发现自身与被驱逐者和囚犯混迹一处，后者乃是法庭迫于政府的压力而大量"制造"出来的。在 17 世纪，从事航海的无产阶级已经是一群由犯人组成的人口，他们是"受到大地诅咒的人"。马克思和恩格斯与蒲鲁东及其追随者的理论对峙，最终将与柯尔贝尔①对法国没能创建一个强大的海上王国及其在殖民地方面的落后发出的悲叹相遇："人们如此沉醉于马赛无与伦比的消遣……他们宁可放弃世界上最好的机会，也不愿失去乡间别墅带给他们的乐趣。而且，他们不想要大型舰艇，而只想要人人都能拥有的那种小型船只……"②在当时的他们看来，**制海权**与陆地上天然具有的那种幸福是不相匹配的，后者意味着简朴和独立，是南方的特征。那种社会乌托邦更多诞生于对土地的憎恶，而非阶级对抗，而在其社会规划与马克思埋骨的那个海上帝国③的地图之间，则可以展开无穷尽的对比。

　　但更有趣的是这一帝国在精确计时方面的表现，它将其暴力挪到航海坡面的不可见之中，形成一个漂浮的国度，很像另外一

---

　　① 让-巴普蒂斯特·柯尔贝尔（Jean-Baptiste Colbert，1619—1683），法国政治家，路易十四时代长期担任财政大臣和海军国务大臣，推崇重商主义，为法国的制造业奠定了基础。——译注

　　② 路易十四时期的政务通信。

　　③ "唯物主义是大不列颠本土的产儿。"马克思：《对法国唯物主义的批判的战斗》（*Contribution à l'histoire du matérialisme français*）。

　　[马克思、恩格斯：《神圣家族，或对批判的批判所做的批判》，《马克思恩格斯文集》第 1 卷，中央编译局编译，人民出版社，2009，第 330 页。——译注]

种对时间进行重组的机器——历史。事实上，要想在一个缺乏方位参照，也没有起伏变化的存在舰队的世界里取得胜利（做出决定），假使无法在大地上找到安身之处，就至少必须把自己放置在时间当中，也就是说，放置在行星运动的力学之中。出于这一简单的原因，英国人将长期保持世界最佳钟表制造者的地位。掌控海洋必然要求掌握时间，这就要求人们像常言所说的那样"以月亮为尺度"。

52

　　于是，在身居岛屿的英国人的推动下（正如科西嘉岛之于路易十五时期的帕欧里①），人民战争的现代准则很自然地诞生了，它形成于航海家的国度即西班牙而非法兰西王国。事实上，人民战争已经不再在领土之上发生；相反，它提倡将军队编制播散到社会内部（新的士兵将"如鱼得水"，此处对液体元素的暗指绝非巧合）。和海战一样，人民战争也是运动体的遭遇战……它指向"海上的习俗所认可的那种过分"，指向绝对的暴力，以及一切道德和既存法律的消亡，人民战争就是总体战。

　　我们还没有对西方历史中的一个时刻给予足够的重视，在这个时刻，海洋要素（借此人们得以轻松地举起、挪动或滑动沉重的机件）具有的自然活力主义转变成了不可避免的技术活力主义。②同样是在历史的这个时刻，技术交通载具仿佛尚未完成进化的生

---

①　巴斯夸·帕欧里（Pasquale Paoli, 1725—1807），科西嘉政治家、独立英雄，曾领导科西嘉人反抗热那亚的统治。——译注

②　见《未来主义宣言》（*Manifeste du futurisme*）、《触觉导航》（*Navigation Tactile*）及乔万尼·里斯塔的评论，收于其论文集《马里内蒂》（*Marinetti*），塞热尔斯出版社。

物体一般脱离海洋,爬行着离开其原初环境,变为两栖。速度作为一种没有内容的纯理念,诞生自海洋,就像维纳斯一样,而当马里内蒂宣称宇宙因为一种新的美——速度之美——而变得丰富,并以赛车对抗萨莫色雷斯岛背负双翼的胜利女神的时候,他忘了自己实际上也是在讨论一种美学:交通机械的美学。长翅膀的女性与古代战船的耦合,以及法西斯主义者马里内蒂与其道路赛车的耦合——他操纵着这一"穿越大地的完美箭杆"的方向盘,均凸显出这样一种其实现比在生物界更明显的技术进化论,制海权创造出现代国家的公路权,极权国家就由此转变而来。

53   诺曼·安吉尔①在《大幻觉》(*The Great Illusion*)一书中宣称,**战争在经济方面变得无效**,因为它的基础不再是通过**损害"外部的群体"**而获益;换言之,就是不再建立在**可移动财富**的基础之上;确切说来,从此以后,信贷和商业合同才是它的立足点。他错误地认为,这必然对"征服者"造成极大的遏制;他的论述多少有失严谨。事实上,在财富性质方面暴露出的这一转变,只不过是世界经济速度发生的变化,也就是从以动产为单位向以小时计算的单位——**时间之战**——的过渡。

凭借其存在舰队,英国致力于交通领域的技术革新,准确地说是致力于制造高速机械。它既从中直接取得经济优势,而且特别获得了使之成为第一个伟大的工业国家的发展方向,成为所有其他国家的模范,并创造出那种"经常被混同于普遍优越感的技术优越感"。事实上,并不存在什么"工业革命",只有"速度革

---

① 诺曼·安吉尔(Norman Angell,1874—1967),英国作家、经济学家,1933 年诺贝尔和平奖获得者。——译注

命";不存在民主,只有速度专政;不再会有什么战略,而只有竞速
学。恰恰是在西方的技术进化论模式脱离大海的时刻,物质财富
开始崩溃,那些最为强大的民族和人民也在此刻开始走向毁灭,
而卡特最近宣告美国梦的终结,也可以这样来理解。正是作为竞
速式进步之本质的速度摧毁了进步;正是时间之战的永久性持存
创造出总体性的和平,一种**饥饿的和平**①。继协和式飞机②而起
的超音速飞行器(S.S.T.)交易,就充分展示出这样一个毁灭的体
系(它是如此具有毁灭性,以至于超前的美国必须寻求联合,才能
维系这类只屈从于速度法则的机械的生产)。正如存在舰队诞生
之初时那样,要想保持垄断地位,就要求每一种新的机械出现之
后,很快就有更快的东西取代它。但是,速度的极限在不断收缩,
设计更快的机械变得越来越困难。它常常在被开发出来之前就
被淘汰,产品甚至是在运行之前就已报废,这就使得整个工业折
旧的盈利体系在"速度"方面竟高出一筹!

　　因此,当财富、资本积累和生产方式的封闭性被打开,并不会
促成交流和自由贸易,甚至不会增进社会化,而是会提高它们自
身的运输能力,实现其**机动效能**的最大化。这就是财富在竞速式

54

--------

① 白里安在《斗争的和平,饥饿的和平》中写道:"从今以后,人们将不再
期望国际格局会在 1939 年获得重生,因为事实上,从那个时候起,除了体系
的崩解外,将一无所剩。"见《国联文件集》中关于 1943 年 5 月从战时经济向
和平经济过渡的部分。

　　[阿里斯蒂德·白里安( Aristide Briand, 1862—1932),法国政治家、外交
家,法国社会党创始人,11 次出任政府总理,曾倡导对德和解、非战公约,倡
议建立欧洲合众国。——译注]

② 原文为 Concorde,英法联合研制的超音速客机。——译注

的进步中消失而造就的"无效性"。

在人口统计上处于劣势的西方人显得优越而强势,正是因为他们表现为速度**更快**者。在殖民屠杀或种族灭绝中,他们之所以能成为**幸存者**(*survivant*),恰恰是因为他们确实**够快**(*sur-vif*)。法语中 vif 这个词,至少涵盖三重意味:灵敏度(promptitude);与**暴力**相联系的**速度**(de vive force 武力强制,arête vive 尖锐的锋刃等);与**生命**自身相联系的速度(être vif, c'est être en vie! 很快,就意味着还活着!)。

随着速度主宰式进步的实现,人性将不再多样;就其实际状态而言,它倾向于只分为**有希望的人群**(他们获得的希望是进入未来,在即将到来的某个时刻,他们所积累的速度将让他们得以接近那种可能性——也就是进入计划,进入决定,进入无限,**速度就是西方的希望**),还有**绝望的人群**,因其技术设备相形见绌而受阻,在一个有限的世界里居住维生。

这样一来,就趋势和潮流而言,知识-权力(savoir-pouvoir)这一关联逻辑将让位于移动-权力(mouvoir-pouvoir)。这一局面如此明确,以至于在过去五年里,法国军事学院已经不再像过去那样教授地理学,警方如今则正在犯罪统计(criminostat)①方面展开尝试。

———————————

① 供词被超越,警察局辖区警队的所有情报都会被上传到位于林畔罗尼(Rosny sous-Bois)的警察总部的中央计算机,这就是犯罪统计(云端数据的可视化)。

## 二、务实的战争

万岁！永远脱离肮脏的地球！

——马里内蒂，1905

　　1914 年，欧洲的高级将领还在追随克劳塞维茨或拿破仑。他们致力于通过快速渗透的地面战争，通过短暂而具有决定性的战斗来实现自己的意愿。这种战法的优点在于，它回避了在领地内布置军队所带来的问题，因为它对后勤的需求是无足轻重的，尤其还是不那么坚定的——某种程度上，这是一种不需要或至少不用担心领地的战争。

　　我们仍然处在维也纳会议①的精神状态之中，就像感到末日临近的欧洲君主制势力将要释放出最后的生命迹象。正如克劳

---

　　① 欧洲各国于 1814 年 9 月 18 日至 1815 年 6 月 9 日在奥地利维也纳召开的一次外交会议，由时任奥地利外交大臣梅特涅发起组织，除奥斯曼帝国之外的多数欧洲国家都派代表参会。会议目标是在拿破仑战败的局面下重新处理欧洲版图，内容包括恢复拿破仑战争期间被推翻的旧王朝和欧洲封建秩序，重新分割领土和领地，在制衡中维持和平。——译注

塞维茨在《战争论》(*Vom Kriege*)中指出的那样,他们绝望地想要在绝对战争和总体战争之间划出界限。总体战是无所不在的,它最初从海上发起,因为海面天然地无法对行星维度上的交通运动构成永久的障碍。然而,只有在建立起普遍而持久的基础设施的前提之下,才有可能在大地上实现这种全面的冲突。如沃邦所说,我们应当具备将战争施加于宇宙所有可居住场所的能力。

"权利和荣耀指引我们无所不在"(Ubique quo fas et Gloria ducunt),英国的工程学则对此加以意味深长的简化,以无所不在(UBIQUE...PARTOUT)作为其座右铭,使之更趋完善。这就意味着宇宙被军事工程学重新分配,大地上的"交通"犹如发生在单一且独特的坡面之上,为即将到来的战场充当着基础设施。① 正如卢卡奇对德国社会主义的评价,这是一个"从作坊式的景象转变为经过规划的帝国空间"的世界。勒南②在雷赛布③进入法兰西学院时向其致辞,指责后者把苏伊士运河变成了一个新的博斯普鲁斯海峡,以至于"本应追寻和平,找到的却是战争"。一个世纪过去了,勒南的预言并没有被推翻;苏伊士地峡的开凿曾是理工科人士的一个古老梦想,很多圣西门式的工程师为此付出了生命。于是,在军事专家看来,它的实现就成了整个国际交通在机械可靠性方面的指标,成了世界战略推演网络中一个不容忽视的

---

① 工程学在海上工程师与自由资本主义组成的极权帝国中的技术复制。

② 欧内斯特·勒南(Ernest Lenan,1823—1892),法国作家、思想家、历史学家和宗教学者,法兰西学院院士,著有《宗教历史研究》《基督教起源的历史》《科学的未来》等。——译注

③ 斐迪南·德·雷赛布(Ferdinand de Lesseps,1805—1894),法国外交官、实业家,曾负责苏伊士运河、巴拿马运河的开凿与运营。——译注

加速点。通过"重新规划世界地图",他们为"战争交通"打开了通往东方的道路,同时也把它交付给了新兴的垂直性托拉斯(垄断企业)。随着 19 世纪重大的地缘战略革命,经济和社会的组织开始完全依赖活动空间的组织,以之作为转移场所,战争现象也开始通过为自身创造冲突的源泉并加以增殖来喂养自己,总是有人为了苏伊士或巴拿马而死去。

可是,1914 年的法国却依然封闭且土气,几乎不怎么青睐无所不在的军事交通的发展,其笨重的移动装备所承载的战事很快就和它一同陷入困境。战争已不再是一场短暂而迷人的散步,一次观光派对。敌对双方互相埋葬,并逐渐开始认识到,这样的战斗前所未有,因为如凡尔登的情况所示,它们有可能会持续近一年——从 1916 年 2 月到 12 月……**军队不再能去去就回**。

在这个节骨眼上,法国的反应意义重大。他们最初想维持一定的政治距离,同时也返身求助于公社模式,以保障内部的秩序。国家被一条分界线划作两半:一半是"平民"的法国,处于后方,有民主政府、经济和工业活动,因为女性就业者的加入而形成的新的母权制(这也赋予女性主义的斗争一种可疑的品质);另一半是"军事化"的法国,军队驻扎区域,设防的坡面。费雷①就此写道:

①　阿贝尔·于尔斯·费雷(Abel Jules Ferry, 1881—1918):《来自高层和基层的战争观察》("La guerre vue d'en bas et d'en haut"),见于《书信、笔记、演说和报告》(*Lettres*, *notes*, *discours et rapports*),格拉塞(Grasset)出版社,1920。出身孚日省议员的费雷于 1918 年 9 月 15 日为法国捐躯后,他的妻子出版了这本"写于法国军队被全面遣散之后,对利益各方的要求均不予考虑"的作品,它表明"自开战一个月以来,从战场和部长会议两方面获得的教训就是议会必须进行控制"。本书的很多评论段落都来自这本重要的著作。

59

"最高指挥官不再是战争的首领,而是**一片领地的管理者**。"平民一方的政权希望战事被固定在这一领地内,将其军事无产阶级封闭于一场绝对的战争当中,这场战争将"毫无限制地使用暴力",但它不会扩散,不应该被引向内部。这是一种消耗战。对参谋部而言,部队和装备的巨大损耗,也即古罗马从十人中抽杀一人的现代形式,自战事开始时就只不过意味着将军胸前的一枚金星!它被视作一个标志,证明了军事指挥官的伟大成就,他的人格,甚至他指挥艺术的纯正性,用军事院校的行话来说——"心中绝无仁慈","无限动用武力",在克劳塞维茨看来,这将使人直面流血而不退缩。但是再一次,普鲁士的将军很快就发现了自己的过时,他和很多他的同代人一样认为,文明国家的社会环境最终将使战争的残酷和毁灭性比在其他国家更小。但当敌对状态刚开始数月,费雷就向我们表明,鉴于后勤人员的一项最新职责是**对军队被摧毁的程度做出合理评估**,困难之处就在于如何迅速计算出新型工业化战争所造成的损害,以便对战场上正在消失的双方进行及时补充,这是一种前所未见的情况。这种自发进行的消耗战既是第一次关乎消失的战争,也是第一次关乎耗费的战争:人员、物资、城市、景观的消失,以及弹药、装备和人力的恣意耗费。精致的战斗计划和进攻指令逐渐让位于新的考虑:战壕附近手榴弹的消耗量,生产规划,补给品的平衡与评估。例如,在 1917 年的一次进攻中,法国方面就消耗掉 694.7 万枚 75 型炮弹,占总库存的 28%……但他们也还会用到"炮火日常消耗量"这样的说法。于是,高级指挥官的理论就在所谓"务实的战争"面前消失了,"务实"意味着使战争**使用起来更加便捷**,使之避免陷入自身固有的不可能性当中。法国的作战部门和武器部门是分开的,主管后者

的是著名的卢舍尔①,他预示了后来的布什和施佩尔②——总体
战的技术统治论者。消耗战标志着一个开端:资产阶级社会原本
相信,它能把绝对暴力封闭在军事地带的隔离区当中,然而,在空
间被剥夺的情况下,战争却转而扩散到了人类的时间之中——消
耗战同样也是时间之战。和"热月政变"时的军队一样,1914 年
被动员起来的大众,随后就呼喊着"不断前进"被扔进战斗。但战
斗最终却缩减为一系列的个体行为,一场下级士官们的战争,日
复一日月复一月在同一地点朝向死亡的一组连续快速的冲击;又
或者对无法移动的人们而言,战事就意味着"漫长的假期",被轰
炸的力量钉牢在地上,就地等待结局。寄居在"武装地带"的无产
者取代了"城市地带"的沼泽,无人之地(no man's land)变成了郊
区,一个中性化的空间,运动的承诺已经无法在其中被实现,而运
动的丧失对国家堡垒而言在短期内意味着**失去健康**,其次就是死
亡。拒绝发动进攻的士兵所发起的叛乱与哗变接替城市骚乱造
成的混乱,而大众在城市中的驻留,则在陷入"纯粹内战"——恩
格斯向拉萨尔预言的那样——的崩溃之前,转向了"无产阶级能
量洪流"(托洛茨基)的内部。在 1917 年的法国,民族战争在大众
眼里之所以会失去它古老的革命威望,只因它不再能"前进"了,
它无法再度获得攻击的优先速度,不复能在与死亡和战争引擎的

61

---

① 路易·卢舍尔(Louis Loucheur,1872—1931),法兰西第三共和国时期
的政治家,1917—1918 年担任军备部部长。——译注

② 阿尔伯特·施佩尔(Albert Speer,1905—1981),曾为建筑师,在纳粹
德国时期担任装备部部长和经济领导人,参与强制大量战俘和犹太人等从事
体力劳动,后在纽伦堡作为主要战犯之一受到审判。——译注

竞赛中获胜。

大众的航程再一次将他们从街道带向铁路,正是在街道上,他们曾唱着歌用脚步报数;随后,城市居民则鼓掌欢庆这群可怕的武装暴民的离开。在此之后,这群军事化的牲畜迅速跳上拖车车厢,但一切都结束得很快。德·普瓦①上尉写道:"我多次看到我们的步兵投身战斗,带着辉煌的激情,却只是为了被一挺未知的机枪杀死;就在短短几分钟内,战场遍布尸体。"

这位勇敢的上尉需要用神来之笔去弥补部队的**停滞**。他想到了"能在各种地形行驶的装甲车",而且,从 1915 年 11 月 25 日开始,他发起了这种新型战争机器最大规模的生产。到 1916 年 1 月 31 日,据称已经造出 400 辆强击坦克,它们出现在战场上,制造出巨大的心理震慑作用。很快,将军们就对这些数量巨大的"自动堡垒"装备发出惊呼,这种新型的技术产品如此完美地实践了一种战争哲学——腓特烈大帝②的名言"要取胜,就前进"。不久之后费雷写道——就在他自己在沃赛永(Vauxaillon)之战中被杀之前——"法国的斗志已被提升到了一个前所未有的水平。上个月,从帕尔奈(Parnay)开拔的士兵们发现自己已经离开太久,**如今他们重返前线,就像是要去度假……**他们已经看到自己站在马斯河(Meuse)或莱茵河河畔的样子!**我要释放我所有的梦想……**"

速度是西方的希望,正是速度支撑着军队的士气。让"战争

---

① 夏尔勒·德·普瓦(Charles de Poix,生卒年不详),法国军人,曾于1915 年设计出现代坦克的雏形。——译注

② 即弗里德里希二世(Friedrich Ⅱ,1712—1786),亦被称为腓特烈大帝,霍亨索伦王朝的第三位普鲁士国王。——译注

变成便利品"的东西是交通,是装甲车,能够克服任何一种地形,
抹除障碍。有了它,土地不复存在。相比称之为"全地形"车辆,
他们宁可称之为**无地**型——它攀上路堤,碾过树林,驶过泥浆,一
路拔出灌木和墙体的碎片,冲破门户,脱离道路或铁路那古老的
线性轨迹,它提供了一套关于速度和暴力的全新几何学。它早已
不再是单纯的自主移动(auto-mobile)设备,而同时已经是抛射物
和发射器的复合体,只待变成无线电发射器;它既抛掷抛射物,也
抛掷自身。有了它,"死亡杀灭死亡"的剧目再度上演,因为它将
胜券在握地面对德国人可怕的机枪。德·普瓦上尉关于战场遍
布此类自动堡垒的场景的观察颇具预见性。离开街道之后,军事
无产阶级也就失去了同道路的联系,从此之后,任何东西都有可
能变成它进攻的轨道。战场变得和海平面一样,没有阻碍,被高
速运转的机械设备——"陆上战舰"——所操控。

　　消耗战已经从空间的匮乏扩展到了时间之中;持久就是生
存。全地形(或称无地形)攻击把战争扩展到一片因被具有无限
可能性的轨道所摧毁而消失的土地之上,人们突然遭遇到一种新
的"土地权"。它和制海权一样具有总体性,对大众而言则意味着
另外一种关于生成的现象学。移动–进攻装备的冲击是那些在
1914 年离开巴黎路面、前往马恩河的出租车的狂冲的延伸,那是
"最后一场浪漫的战斗,战争中带有古风的部分就此宣告终结"
(皮埃莱福①)。军事交通的速度不再只是"存在时间那令人眩晕

63

---

　　① 让·德·皮埃莱福(Jean de Pierrefeu,1883—1940),法国记者、作家,
著有关于第一次世界大战的《第二次马恩河战役》《反对普鲁塔克》《普鲁塔
克的新谎言》《法国总部:1915—1918》等作品。——译注

的流逝的一个隐喻",对其乘客而言,攻击引擎的计速器简直就是一枚"**存在计量器**",一种生存的测量手段。

英国的高级指挥官们对待竞速性的进步这一关键点的态度很有意思:从第一次大陆间的冲突开始,这个航海的民族就一再进入开阔的海洋,完全不想把自己封闭在坚不可摧的大陆的战事当中。"宁可要机器的战争,也不要拍胸脯的战争"——最好理解为在说发动机——变成了一句流行语。他们有 50 万人在海上,30 万人在军械库和兵工厂。就算他们带着明显的怨气加入了指挥的大杂烩,我们也不难理解,在 1942 年,他们是最早想把"陆上战舰"投入位于索姆河北部沙漠的陆地战场的一方,他们对这种无地形的攻击引擎有着持久的热情……

# 第三章

# 速度主宰的社会

La société dromocratique

# 一、无能的身体

冒险,但要冒得舒服!

——戈林元帅

赫尔曼·戈林在 1914 年的战争中转成了飞行员,因为他患有风湿,当步兵时的长途行军很让他受罪。

在各种战斗中,尤其是从 17 世纪以来,人们逐渐意识到军队伤残所滋生的问题的加剧。一个繁盛的产业就此诞生:矫形术。人们发现,战争机器对活体机能造成的损伤,可以通过其他机械——假肢——获得补偿。在法国,残障人士可免除兵役,在德国却并非如此。在 1914 年,德军很少或几乎没有免除兵役的例子,因为他们决定通过**利用某人特定的残疾**为他安排职责,从而使得身体残疾也具有了功能:失聪者将在重型火炮部队服役,
驼背就去运输部队,诸如此类。悖谬之处在于,军事权力施加于大众的运动的独裁,却为无能的身体打开了销路。车辆的使用在这一点上被外科假肢的运用所吸收,以至于要经过一段时间,法军高层才终于把坦克交给"四分之一得了疟疾,剩下的虽已

痊愈,却都是一些从没见过战争的年轻人"(据雷诺德尔①的报道)之外的人员。

1921年,马里内蒂围绕装甲车做了一个比喻:超人就是被过度植入的人,一种被缩减为驱动——由此也就意味着决策——原则的非人,一种消失在能够通过其机动效能歼灭时空的金属躯体的超级权力之中的动物体。人们徒劳地想把马里内蒂的作品纳入种种艺术和政治类别;但未来主义实则来源于一种单一的技艺,也就是战争及其本质——速度。未来主义在20世纪20年代就为竞速学式的进化论提供了最为成功的想象,一种用于衡量速度的尺度。

事实上,蜷缩在"钢铁壁龛"里的人类躯体,并非那些追寻罕见的战争感受的好斗的花花公子,而是陷入双重无能的无产者士兵的身体。他一如既往地被剥夺了意愿,从今往后需要车辆式的假肢给予身体上的协助,以便完成他的历史使命——攻击。奔走狂在运动方面的超能力突然贬值。消耗战已经表明一种轻蔑,它针对的是陷入不动境地的被动员起来的大众,以及为之准备好的处置方式。务实的战争已经揭示出,它在充当主导性的速度主宰之代理方面,在作为大陆上运行的速度的发动机和制造者方面,是无能的。然而,世界大战已然裁定统帅部在理论上的破产和工业化战争的胜利,所有人都感觉到一种对人力永不满足的需求。对将军而言,军事方面的无产阶级化进程已被前所未有地证明,它和工业无产阶级化进程不可分割,尽管这些将军们本身已经变

---

① 皮埃尔·雷诺德尔(Pierre Renaudel, 1871—1935),法国记者、政治家,曾任《人道报》主编和下议院议员,是法国工人运动的重要领导人之一,但对共产主义苏联和第三国际采取敌视的态度。——译注

成了"领地的管理者"。

费雷声称:"如今人人都知道在战争领地中存在着结构……
所有对领地进行的技术性分配都是必需的,但如果需要 20 万人
才能实现它的话,政府将与其盟国展开协商……"而一位教团使
者则在 1916 年写道:"意大利和葡萄牙这样的国家拥有令人羡慕
的人员储备……你在这里同样也几乎见不到战争必然导致的征
兵。"各国政府对其劳工阶层集群讨价还价并匆忙展开交易,吹嘘
"他们不畏寒冷,他们的节俭和劳动能力"。他们大量吸取殖民地
的所有物,塞内加尔的克里奥尔人或黑人,摩洛哥来的劳工,特别
是不知疲倦、数以万计的来自印度支那的当地土著,此外还有心
甘情愿参战的马达加斯加人……如果海战因其变得持久和全面,
从而促成了历史上第一次大众动员,那么从大陆总体战的视点来
看,早在 1914 年,它就显然需要启动一项新的社会方案,也就是
前所未有的无产阶级化。

**务实的战争将攻击分为两个阶段**,其一是为未来的战场构造
出原初的骨架,其中包括新的道路和车站、电信设施,公路和轨道
的拓宽,平行修建的出发和疏散路线,掩蔽所,等等。于是,乡村
和田野就被大都会的工人群体转交并明确地献祭给战争,①这一
群体是一支说着各种语言的劳工组成的军队,是后勤的巴别塔。
兵工厂和直接参战的人员都呈现出一种平静的,或者说是政治化

①　出自诺德:《马奇诺防线上的双重罪恶》(*Double crime sur la Ligne Maginot*)。

[彼埃尔·诺德(Pierre Nord,1900—1985),法国作家,曾充当间谍和抵抗组织成员。——译注]

的样貌;他们回到了公路交通网。我们在此已经能发现日后将变成威慑的那种东西:缩减权力以求更佳轨迹,为求生存而用生命做交易。目前的现状是对大地的消耗。1924年,曾在军队服过役的宗教人士德日进①在《宇宙的颂歌》(*Mon univers*)一书中写道:"我们仍然需要越来越猛的炮弹,越来越大的战舰,以便实现**我们对世界的侵略**。"

速度主宰的智能不是用于对付一个或多个已经确定的军事敌手,而是一种针对世界的永久攻击,并经由世界向人性发起攻击。动植物群的消失和自然经济的废除,只不过是为更加残酷的毁灭所做的缓慢准备。它们从属于一个更大的经济学,也就是封锁的经济学、围困的经济学;换言之,也就是关于饥饿的种种战略。目前肆虐大地的经济战只不过是已被宣布的战争、一场即将到来的快速而短暂的攻击的一个**缓慢发展阶段**,因为正是经济战以非战斗的形式,把军事能力作为阶级权力永久化保存下来。在任何时代,猎人和劫掠者的阶层都是非生产性的,尽管是他们在为集体提供食物。随着武装技术的发展,消耗的手段也总是同步被养成,这就是我们今天所说的**粮食权**(*food power*)。于是当威尼斯,这个漂浮的民族,这个无人"立足"的国度,因为美洲的发现和欧洲新的大西洋战略而不再成为首屈一指的经济和海上强权的时候,立刻深谋远虑地转向内陆,转向农

---

① 德日进(Teilhard de Chardin,1881—1955),法国神学家、哲学家、古生物学和考古学家,天主教耶稣会教士,曾在中国工作多年,参与了北京周口店遗址的发掘工作,著有《人的未来》《人的现象》《宇宙的颂歌》等。——译注

业实力和陆上财产,因为它深知,**制海权**( *sea power* )的丧失直接意味着**粮食权**受到威胁,这永远是人性的两种法则。同样,美国在 20 世纪 30 年代的集中征服首次遭遇挫折(世界和平宣言①),如今则毫不留情地向绿色的欧洲发起了一场战争(打击农民,操控食品工业,油菜之战等)。正是"财富的无效"为征服提供了前提,美国的美元政治只是实现**集约型增长**的美国军事威力的一个标志,因为越战的失败和核对峙使它暂时丧失了**粗放型增长**的机会。但是在这里,我们还是应该对美国政府的速度表示钦佩,他们很快就停止了基于地缘政治而对越南北部实施的轰炸(对乡野环境中的动植物进行系统性摧毁),取而代之的是在他们撤离这一区域之际,令人印象深刻地放弃了技术设备和物资。根据武元甲②将军最近发表的声明③,我们有理由相信,他们的这一举措把自己的敌人变成了最好的客户。永恒的竞速学手段:当柯尔贝尔在 17 世纪带着增加"国家财富"和"国家产出"的想法启动他的经济政治学时,他已经为卢福瓦④用战争

71

---

① 应指时任美国总统的富兰克林·罗斯福于 1933 年 5 月 16 日对世界四十四国元首发表的《吁请世界和平保障宣言书》。——译注

② 武元甲( Võ Nguyên Giáp,1911—2013 ),越南共产党党员,越南人民军创建者之一,曾任越南国防部部长、人民军总司令、中央军委书记等职。——译注

③ 1977 年 8 月,美国军事谈判代表同意世界银行向越南、柬埔寨和安哥拉发放贷款。

④ 弗朗索瓦·米歇尔·泰利耶( François Michel Le Tellier,1641—1691 ),又称卢福瓦侯爵( Marquis de Louvois ),路易十四执政时期曾任法国战争部部长,负责军备和军队改革。——译注

"确保创造出需求"的努力铺平了道路,后者如威廉·坦普尔爵士①所说,促使周边地区"以惊人的数量消费他数目众多的产品"。

就其战争地点而言,卢福瓦直接受到无产阶级化的罗马的启发,柯尔贝尔则复制了雅典的经济体系,而这一体系最终造成了古斯巴达势力的崩溃。正如利奥泰②在1901年所写的那样:"仅经济渗透策略一项,就比任何其他课程都值得在军事学院教授。"希腊的速度主宰型扩张所到之处,也每每受到其军事发展状况的阻遏:境内的野蛮人已经逐渐在西部建立起军事组织;其他卫星式的殖民地则与希腊政治采取合作方式。在这种情况下,当雅典放弃扩散型(快速)的渗透体系,而采用一种集中型(缓慢)的渗透体系,其向外的军事活动就被其内部自然经济的废止(农业改革,城市化,作坊和工厂的设立等)所取代。**雅典的猫头鹰**遍及地中海盆地,冲击着大型城市的经济,促使兑换规模如此膨胀,以至于它——尤其是对斯巴达的经济平衡而言——构成致命的因素,后者选择的是相反的解决方案;通过废止流通运动(军事/货币)来保存国家机器。③ 亚里士多德已经

72

---

① 威廉·坦普尔爵士(Sir William Temple,1628—1699),英国政治家、外交家,曾在查理二世治下为英国制定亲荷兰的外交规划。此外,他的思想和散文风格也对许多18世纪的英国作家产生了很大影响。——译注

② 路易·赫伯特·利奥泰(Louis Hubert Lyautey,1854—1934),法国政治家、军事家,曾被派驻阿尔及利亚、马达加斯加、摩洛哥等法国殖民地担任驻扎长官,后出任陆军大臣并晋升元帅。——译注

③ 斯巴达的自我装备是为了实现其壮举:"人们无法拒绝从这一改变中辨认出的,无非是一种自动演化。一切都以有条不紊的姿态和韧性被导

为吕库古①的体系写下过墓志铭："整个社会体系的根本目标应该是**仿照所有其他机构**来组织军事机构。"斯巴达实际发生的情况却恰恰相反。在最早的希腊民主制当中,我们已经可以找到西方绝大部分的伟大主题,除了最主要的一个:移动性。鉴于一切都已被牺牲,只为了把国家变成一架单纯的战争机器,一旦它在一场实际的冲突中变得移动起来,其结局对古斯巴达人就显得极其可怕,仿佛战斗中的危险和不确定性会毁灭他们过于严格的军事化机制。②

斯巴达人曾被称为没有历史的民族,事实上,由于敌视任何形式的体制蜕变,他们拒绝将历史当成自身存在的动力学参照。首先,他们没有投身海洋及海上交通帝国,由此把自身从希腊城邦的总体性中分离出来,而是朝向内部,对迈锡尼人、希腊人和他们自己实施一视同仁的殖民。随后经过吕库古的实验,在躲避将近两个世纪之后,他们获得了强大的军事实力,他们的那些胜利也是靠逃跑得来。但也恰恰是斯巴达对雅典的胜利将破坏

向一个独一无二的目标,我们在此被迫目睹一个自觉的组织者的介入;一个人或**在同一方向上行动的两个人**的存在,将会把原始惯例转变为军事训练和创造宇宙,这是一个必不可少的前提。"尼尔森(M. P. Nilsson):《斯巴达人生活的基础》("Die grundlagen des spartanischen Lebens"),收于《克里奥》[*Klio*,德语出版的古希腊罗马研究期刊。——译注],第 12 卷。

① 吕库古(Lycurgus,又译来库古),生活于公元前 7 世纪的希腊政治人物,曾凭借游历克里特、埃及等地时获得的神谕与习得的法律对斯巴达进行社会和军事改革。——译注

② 斯巴达为其顽固的路线付出了代价,他们在公元前 8 世纪投身于道路的分衍,在公元前 6 世纪给居留不动者判刑。

它军事国家的完美:"古斯巴达人社会最初的堕落与其对雅典的征服及后者的贵金属的涌入同时发生。"(普鲁塔克,《阿吉斯传》)①

军队无法做到的事情将被经济战实现。现存的困境,即军事上的无法介入,也将被一劳永逸地解决,不仅对地中海地区如此,对今后的西方世界同样如此。

到了公元 3 世纪中期,在吕库古式的固定机器崩溃之后,只剩下大约一百名斯巴达人仍然拥有国家的操控权。剩下的人,据普鲁塔克说,变成了一群没有合法地位的悲惨之人,这个群体受到军事国家的教育,向来只是为了一场永远也不会发生的战争而活着,从今之后却不知道为何而存在。在国家不过是以一些旧日之梦和残存的、屈指可数的嗜虐的风俗的形式存在时,斯巴达世界就陷入了彻底的混乱。

西方毫不停歇地追随着普鲁塔克的训诫,"遵从一条他有时甚至都不理解,但却能在睡梦中复述的法令",**静止就是死亡**,对他来说似乎真的是**世界的普遍法则**。永无止息的速度专政扼杀了吕库古那种始源性革命所创造出的民主。听听今天关于"生活消费品"的话语,就足以让我们理解,老一代的思想家所做的,无非是延迟了西方那种可怕的集约型增长体系的设立。正如希特

---

① "但是到了阿吉斯统治时期,金银货币开始源源不断地涌进了斯巴达。随着金钱的涌入,贪婪致富的欲望也泛滥起来了。"普鲁塔克:《希腊罗马名人传》,黄宏煦主编,陆永庭、吴彭鹏等译,商务印书馆,1990,第123 页。——译注

勒只有通过沙赫特①博士的经济体系才能发动闪电战,罗斯福也只有借助"新法案"才能投入总体战。

静止就是死亡,这是世界的普遍法则。国家堡垒,其权力、其法律都存在于急剧流通的场所。乔治·于佩尔②在他最近的一本书③中批评了那种常见的看法,即历史**普遍而正面的意义**出现在 18 世纪,且关于此主题的重要作品直到 19 世纪才出现。他以一组博学之士为例,**其中大多是法学家**,他们在 16 世纪中期就提出(用他们中的拉·波佩利尼艾尔④的话来说)"一种关于完美历史的观念"。与此同时,新的欧洲国家则力图以罗马的方式(提图斯·李维,《罗马史》I,32,5—15)重建关于合法的战争(或合理化的战争)的观念。一旦战争本身以理想化的形态获得重生,一旦它拜中央集权制所赐从技术层面区别于单纯的惩罚性远征,脱离局部的妥协并靠近严格意义上的原始概念,国家的历史典范就会自我显现。事实上,历史是以其武器系统的速度进步的。直到

---

① 亚尔马·沙赫特(Hjalmar Schacht,1877—1970),德国经济学家、银行家、政治家,在魏玛共和期间有效遏制了通货膨胀。曾出任德国国家银行总裁、经济部部长、军事经济全权总办等职。在纽伦堡审判中被宣判无罪,后陆续担任过印度尼西亚、埃及等国的经济顾问。——译注

② 乔治·于佩尔(George Huppert,1934— ),历史学家,著有《完美历史的观念:文艺复兴时期法国的历史学识与历史哲学》《巴黎的风格:法国启蒙主义的文艺复兴起源》《黑死病之后:早期现代欧洲的社会史》等。——译注

③ 乔治·于佩尔:《完美历史的观念》(L'idée de l'histoire parfaite),弗拉马利翁(Flammarion)出版社,1973。

④ 拉·波佩利尼艾尔(Henri Lancelot Voisin de La Popelinière,1541—1608),法国历史学家和史学史家。——译注

15世纪末,历史对科米尼斯①而言还是一份稳定的回忆,一种可被重复的范本。编年史是季节性的,就像战争总在每年夏天返回。线性时间已被淘汰,因为它来自古代的堡垒,在那里,"作为敌人的时间"已被建筑材料的静态抵抗——绵延——打败了。历史写作也开始发挥和古代的战争机器一样的作用,即便在投石器和弹弓被发明出来的时间点(公元405年前后,在耶路撒冷的莫扎地区)之后,它也还会促成其毁灭性的运动。如果黑格尔"看烦了李维一次又一次絮絮叨叨地描述对沃尔西人的战役,他的叙述偶尔会简化为'今年,成功地向沃尔西人发动了战争'",并对那种"抽象的再现"发出抱怨,那是因为这些历史内容其实就来自官方公报(出自有预先计划的社会的第一份历表,它可以类比于19世纪那些单调枯燥的秘密警察报告,以后者为代表的社会学如今已广为流传)。这些作品的实用性超乎黑格尔的想象。如果李维无休止地重复他冗长的评论②,那是因为重复在当时是抵达更广阔

---

① 菲利普·德·科米尼斯(Philippe de Commynes,1447—1511),法国政治家和编年史作家,著有《回忆录》。——译注

② 在叙事诗和歌唱神话前,会以灵魂附体机制和持续的乞灵过程创造出全体一致性。莱里斯说:"不是战士的人一旦突然认为自己是战士,战争就开始了。"这同样也是诸如精英集团、政治集会、军事典礼等在心理定式上追求的目标。与此相反,斯巴达的权力机关则会阻止其国民培养歌唱技能,如汤因比所说:"这种技能与士兵的技能具有如此强的亲缘性,以至于在现代西方世界,它被认为是军事训练的最佳准备方式。"但斯巴达人同样也被禁止在泛希腊地区的大型体育运动中创造纪录——简言之,一切都表明,一种运动方面的进步被从宪法中剔除了。

[米歇尔·莱里斯(Michel Leiris,1901—1990),法国人类学家、作家和艺

领域的惯用方式,一项正在进行中的方案,叙述材料只有被重复一百次才能发挥作用。通过这种重复,它消除了诸多历史中的偶然,并使理性成为历史在部署其人物时的一架战争机器。同样,我们也不难理解,为什么正是当大炮和军事交通网成为国家体系的组成部分的时候,特别是在叙利当政时期,撰述历史的语言直接从**比较级**变成了**原级**;换言之,**不再有强度的比较!** 进入历史变成了进入运动,这也是那些"生活在被驯服的无底坑边上,已经免除了物质上的顾虑的边境浪子和'启示录'中的游手好闲者"(朱利安·格拉克①)掌握权力的长远后果,这群人在罗马帝国的边境出现又消失,"向战争做出嘲弄的手势",如李维补充的那样,**因为战争无法被直接强加给他们**。在我们的纪元之初,这群速度主宰型的精英起于德国,从多瑙河或别的地方动身,最终涌现于西欧。突然间,创造权利的不再是实力,而是侵略或蔓延的能力。猎人-劫掠者组成的暴民肆意流窜,继而在中途停留并达成分赃协议,在这一过程和路途中出现了等级化的劫掠集团。当这一速度主宰型力量最终在欧洲的领土上泛滥,它并未就此改变其构成模式的本性,在分散的假象之下,封建社会的组织方式仍然是行进中的部队的特征。"各个领主之间的关系被准确限定,尽管也有讨价还价和拉扯摇摆,一旦一场重要的战斗或者一次'十字军'

76

---

术批评家,著有《非洲幽灵》《游戏规则》《中国日记》等。阿诺德·汤因比(Arnold Toynbee, 1889—1975),英国历史学家、哲学家,著有《人类与大地母亲》《历史研究》等。——译注]

① 朱利安·格拉克(Julien Gracq, 1910—2007),法国作家,著有《阿尔戈古堡》《阴郁的美男子》《沙岸风云》《林中阳台》《半岛》等。——译注

征伐对这个一再被武装起来的阶层进行重组,任何一位骑士都会确切地知道自己在其中的位置。"等级化的编配已经是一种道路的秩序,领土的布局就成了军事行动的剧场。指挥所的工事则与海上卫城和阿尔及利亚的城堡扮演着同样的角色,这种封建制式的角色也具有半殖民色彩,因为它完美地区分了军事占领者**对土地的控制**和本地人的**土地所有权**。**对速度专政型国家而言,对土地的控制已然是对其范围的掌控。**

古代的地籍法所维系的东西不是别的……而是如巴拉德兹①上校在《非洲壕沟》(*Fossatum Africae*)中所说:"百步法(La centuriation)是平民教育以及他们整个文明的根本基础,这种财产占有方式具有无法抹除的印记,即分而治之。"这一不可抹除的二分,在作为侵略者本质属性的权力/移动力和土地所有者或常驻于工作场所的劳动/生产者相对无法移动的本性之间展开,后者无法移动自身,被固定在自己的一小块工地上;它也区分了居民的地理学和过客的几何学。罗马道路的轨迹通常不过是一条连续的线,从百步法的总体规划中延伸而来。因此一切都很简单:军事国家建立在道路之上,基于地籍征收的税款也是按照可覆盖的范围来估算的,我们也可以说,这一范围同时也是能够被军队,被骑兵部队,那些"密集的人群"防御的面积。半殖民地军队的职能向来就是通过保护去实施敲诈,在其中从事生产的大众的安全靠缴纳贡品和为该地区有效的技术监管支付酬金而获得保障。同样的道

77

---

① 让·吕西安·巴拉德兹(Jean Lucien Baradez, 1895—1969),前法国空军飞行员,著有《非洲壕沟》一书,详细描述了罗马帝国在位于今日阿尔及利亚和突尼斯的北非地区修建的边界防御设施。——译注

理,加洛林王朝①就为了速度专政型国家的利益而采取了一种"跨坐"式的行政管理模式,它为了避免损害其内部结构,建立起了世袭制的土地法,还沿着仍然保留其"自然"形态的那些大型载体(比如默兹河)扩大皇家的领地,其目标在于掌控所有媒体、宗教意识形态、货币、知识、外贸、交通和资讯方式等。

加洛林王朝的敕令告诫那些居住在由以前的指挥所逐渐演变而来的古罗马城镇的"土地之主",要他们限制垦荒,在本地中小土地所有者间建立联合,甚至承认他们有权就地组建军事防御。由主塔(donjon,来自拉丁语 dominus,意为"主人")的占据者对区域性的联合体实施的支配,还是会被物质手段的简陋所缓和;也就是说,分散且外来的少数军事力量,就其对空间和社会的控制而言,就他们能够从当地社群征收的捐税而言,都还非常有限。同样也是出于安全的理由,法兰克贵族更青睐人口密集、很快就将过剩的乡村的透明性——或多或少无依无靠的劳动力先是从事垦荒的繁重工作,随后又会维护周边的环境——也不愿面对最初的城市那种不可理喻的复杂性。此外,**垦荒所造就的透明性**还意味着侵入者对他宣称要定居其上的区域持有特定权利和继续渗透的权力。山丘以及随后的主塔的建立,再度回应了如何掌控维度这一问题,掌控于此变成了透视性的,是一种发自一个似乎无所不在的固定点的凝视的几何学,而不再像是以前那样,来自骑手纵览式的路线。就这一点而言,意味深长之处在于,土地的耕种被限制在对开垦出来的土地的集中利用,而不再是通过

---

① 自 8 世纪中期开始统治法兰克王国的王朝。——译注

78  开拓性的探险和新的推进向四周的荒野扩展。① **人身依附**（*retenue*,直译为"留置"）现象通常是以农业技术不发达来解释的,但它似乎更应该在明显的物质必然性——狩猎、采集、砍伐木料等——之外被思考,应该注意到由于**军事保护者的技术不发达**而非被留置的园丁和垦荒者的技能不足所造成的那种专横的战略必然性,在紧急时刻,主人们理应对后者予以协助和救援。近来已有研究指出垦荒的极限与人们从高处获得的视野之间的关系。拓荒者被盎格鲁-撒克逊人更明确地称为**寻路者**。开拓土地,为了生存而耕作土地,森林之黑暗的消退,这些在现实中对应着作为视觉场地的军事坡面的建立,也是尤里乌斯·恺撒所说的那种前线荒漠的建立,他说,这种荒漠代表着帝国的荣耀,因为它们就像是速度专政狂的目光对大地实施的永久侵占,不仅如此,还因为这种视觉的速度达到了没有障碍的理想境地,它将会**把靠近变成远离**……一位著名的摄影师在他的回忆录里写到,他最初的暗房是他童年时的卧室,而他最早的镜头是百叶窗上一道明亮的裂缝。在这个意义上,最早的主塔就扮演着马雷②的连续摄影机的角色,这种军事警戒哨为入侵者提供了对社区环境的持续观察,也是关于环境的最基本信息。

---

① 参看乔治·杜比:《士兵与农民》(*Guerriers et paysans*),伽利玛(Gallimard)出版社。

[乔治·杜比(Georges Duby,1919—1996),法国史学家,法兰西学院院士,著有《布汶的星期天》《中世纪的艺术与社会》《法国文明史》等。——译注]

② 艾蒂安-朱尔斯·马雷(Étienne-Jules Marey,1830—1904),法国科学家、生理学家,发明电影摄影技术的先驱人物之一。——译注

社会特权，在它把自己和命运或出身因素联系起来之前，是在视点特权基础上创造出来的，即个人在努力占据某个相对位置后，在其成功掌控运动轨迹的空间内，对交通的关键因素——河流、海洋、道路或桥梁——的组织。如果说中世纪的社会管理手段表现出超凡的多样性，那这一多样性只是再现了观看"天国"的地理学视角的多样性，这一天国直到 19 世纪之前都未曾在文本上显现为一个正式的领土性实体。秃头查理①在公元 877 年（通过《克尔希敕令》）半推半就予以认可的世袭权利，把特权领地的所有权转变成永久性的社会掌控。摩纳哥的格里马尔迪就是一个著名的例子。这个俯瞰海洋的海角从史前时期开始就是一块特权之地；在古代几经易手，最终格里马尔迪（Grimaldi）家族②运用诡计将其纳入囊中。自 10 世纪之后，这个家族从未停止从这块拥有主宰性视点的最初封地上获取荣誉和特权。如果我们能在此处谈及阶级社会，那么如前所述，我们只有按照空间来命名阶级才行。如果出现阶级斗争，那它将在地面上公开发生，以夺取特权地段为目的。在城寨或堡垒受到围困的情况下，那就不仅是一个军事或政治事件，而会成为一起社会事件。举例来说，如果封建领主违背其护民职责，突破以军力实施敲诈的极限，当"大

---

① 秃头查理（Charles le Chauve，823—877），中世纪西法兰克加洛林王朝国王，在位期间曾抗击诺曼人入侵，由他颁布的《墨尔森条例》和《克尔希敕令》确立了西欧封建制度。——译注

② 源于意大利热那亚的大家族，曾是教皇党和那不勒斯安茹王朝重要的政治支持者，于 15 世纪成为摩纳哥的领主，现拥有意大利最著名的航运公司。——译注

地的主人"宣称要成为土地的所有者，换言之，也就是他们试图将双重方案尽揽怀中的时候，就会爆发严重的冲突。这双重方案分别是分配领地空间、掠夺当地人，以及把他们的后代降低为**家奴**（*servi casati*），一种以租地为生的被奴役者，服务于其军事防御权的私人劳力。

## 二、登入代谢载具

*别讲道理！*

——腓特烈大帝

攻击的外延阶段必然要求快速的死亡，集约性的准备阶段则造成缓慢的死亡。陆军中将冯·梅施① 20 世纪 30 年代在《新的战争会是什么样？》( *Wie würde eine neuer krieg aussehen?* )中写道："当一场战争变成总体战，到处都是前线！但在新的全面战线之中，我们还应该明智地纳入**精神性的国民阵线**……无论是在筹备重整军备的实际层面，还是在理论性的军事讨论中，道德问题都有着优先的重要性。"

---

① 原文作 von Metsch，疑为皮特·蒙克之误。皮特·蒙克 ( Peter Rochegune Munch，1870—1948 )，丹麦历史学家和政治家，丹麦激进自由党核心成员，曾任朗厄兰岛在议会中的代表。由他撰写前言的《新的战争会是什么样？各国议会联盟发起的调查》于 1932 年在苏黎世出版。——译注

　　在海军上将弗里德里希·卢格①看来,总体战诞生于海洋,它的目标在于"毁灭敌人的荣誉、身份以及灵魂"。现代生态战争的终极形式则是通过摧毁环境打击人群,使之遭受缓慢的死亡,它令人好奇地恢复了"灵魂"这个词原始的、"人种学"的定义——"神力"(mana),即无法与其环境区分开来的潜在质素,不是单个的,而是复数的,多种形式,变动不已,不时在社会、动物或地域的机体中凝固成型。

82　　　通过利用两种依照各自在空间中所处位置形成的身体,竞速式的进步也促成了两种类型的灵魂:一种因其依赖于环境而虚弱,优柔寡断,脆弱;另外一种由于实现了解域化,它的经济体系和视点都变得复杂化,所以它的"神力"、它的意志都高不可及,自身也变得非常强大。针对"什么是战争?"这个问题,克劳塞维茨只回答了一句:"战争是迫使敌人服从我们意志的一种暴力行为。"②我们不能把意志的问题从战争中排除出去,尽管克劳塞维茨本人很快毁弃了他的定义,急忙补充说,在国家和法律的理念之外,不可能出现道德暴力③。事实上,克劳塞维茨的定义不仅表明了战争在政治和智能方面的目标,揭示出社会或国家层面的对抗,还已经暗示出**没有意志的身体的创制与问世**;我们在这里想

---

　　① 弗里德里希·卢格(Friedrich Ruge,1894—1985),德国海军将领,纳粹德国时期曾被授予铁十字骑士勋章,战后任德国海军第一任指挥官,著有《海战》《苏联作为海战对手》《隆美尔在诺曼底》等。——译注

　　② 克劳塞维茨:《战争论》第 1 卷,中国人民解放军军事科学院译,商务印书馆,1978,第 23 页。——译注

　　③ "暴力,即物质暴力(因为除了国家和法的概念以外就没有精神暴力了)是手段;把自己的意志强加于敌人是目的。"同上书,第 24 页。——译注

到的不仅是战争的艺术,而且也是"关于动物身体的技术",侵略者的权力/移动力与他在让其运动脱离劳工组成的集群方面表现出来的相对无能之间,存在着无法抹除的二分。在不同的时代,以不同的维度,大量没有灵魂的身体、活死人、僵尸、着魔者等充斥着整个历史,这是对反对者、敌手、囚徒和奴隶的一种慢性毁灭;在军事暴力的经济体系中,人组成的畜群就像古代的猎人-劫掠者捕获的兽群,而当它扩展到现代化、军事化的欧洲社会,就会造就无数没有灵魂的身体,它们属于儿童、妇女、不同肤色者和无产者。在总体战中,纳粹所做的并无二致,他们创造了一道内部的社会阵线,针对的是犹太人、吉普赛人和斯拉夫人那些外来群体。被驱逐者的集中营不过是些实验室,人群在其中受到工业化的处理——他们被投入矿井,在物流工地从事劳动,屈从于种种医学或社会实验,最终以脂肪、骨骼和毛发等形式被回收……或者,还有一种不那么悲惨的最终解决方案,作为交换价值,通过中立国的中介,换取其他能源——燃料,卡车,军用车辆,这一整套经典的经济学关乎人质抵押、劫持和置换,都是速度专政暴力优先青睐的形式。

　　集中营和古拉格提供的珍贵教训尚未获得注意,因为它不仅被错误地呈现为一种意识形态现象,同时也被呈现为一种静态的封闭。其绝对的"非人性",表面上看只是将原先的动物社会寓言,即对身体、对未知且不可知的身体的大规模驯化重新引入了历史。自古以来,无产阶级如果不是一种被彻底驯化的身体类别,一个多产的、拖动引擎的阶级,这个与物流需求的满足相联系的流动人口在历史叙述中如果不是以幽灵形式呈现的话,它还能是什么呢?

83

在关于 9 世纪西欧的多种描述中,有时会提到某种**外来人**(*forenses*)的存在,他们在人口记录中所占的比例从来不会低于 16%。他们是移民劳工,从人口集中的区域迁往另一处,但其开荒的职责却从来不会被认可,只有在德国或者法国的香槟地区是例外。这种社会过剩非常类似于当代城市隔离区的"第四世界",它直接来自前面提到的战略性"留置"现象,即先后由封建制和公社实施的社会控制。

事实上,城堡的有机功能,只有在设定其限制的时候才能维持,同样还得设定人口数量和面积扩展的范围,战略估算也即统计计算,带有入口和出口的城堡是战略估算者最基本的图式。武装型社会在中世纪的确立由此也就意味着**平民空间的消失**,这是一种设计为通用的居所,也就是普通人对其拥有一般权利和资格的空间。从此之后,只要谈起"阶级社会",就不得不提到中世纪社会的守城方案,这就回到了古老的**石墙**,这种选择性的理性用政治权利替换了平民的权利,正如亚里士多德反思的那样:"贵族政体所追求的是多种多样的设防阵地,古希腊式的卫城适合寡头政体,而平整的场所则适合民主政体。"①既然政治事关地形,我们就见证了对人类时间和空间名副其实的剪切,它终结了**内部和平**(*paix civile*)的那种国度。社会冲突产生于相互竞争的对手,他们各自占据并保存一种生态系统,把它当成一个地点,这个地点规

① "单独一个筑于高地的卫城适合于寡头政体和君主政体;平原的防御工事适合于平民政体;两者对于贵族政体的城邦就都不相宜,这种政体要有若干同它的地形相符的堡垒。"亚里士多德:《政治学》,吴寿彭译,商务印书馆,1965,第 265 页。——译注

定了他们属于一个家庭或是族群,也值得他们为之付出任何形式的牺牲,包括突然的死亡。因为如果"存在就是居住(在古日耳曼语中写作 buan)",不再居住也就不再存在,而对于一个不再受欢迎、被抛弃、被剥夺其特定的居所**并由此失去身份**的人来说,突然死亡比缓慢死亡更可取。

简言之,中世纪的城堡用永恒的社会排斥取代了原始的好客和神圣的古代待客之道,之所以有此必要,主要是为了保证战争机器的运转。对这一自我封闭的社会而言,法律的压制只会变成对远离、对群体性移居的约束,这类远离本身就意味着与丧失身份同义的解域化。

过剩的人口消失在强制远行造就的移动之中。被城防秩序所抛弃的身体日益增多,他们变成了物质性的力量,他们的移动通往乌有之乡,通往看不见的地带,通往战略方案中那不可测量的空隙。这种被忍受的运动属于涉险的朝圣者,属于儿童"十字军",属于穷人,属于"无业游民,任何机能健全的乞丐"。他们被禁止在公社的城堡内逗留超过 24 小时,在其他城市也遭到鞭打驱赶,市民本身也被禁止收留他们,否则会被科以罚款。百年战争①将终结这一巨大的移民潮。事实上,火炮在此时正使战场上的数据发生革命性的变化。

但从 12 世纪开始,货币这一媒介的影响力已经获得巨大增长,它宣告了中世纪状况的终结,后者高度重视的是政治与军事

———————

① 1337—1453 年间,为争夺法兰西的统治权,统治英格兰王国的金雀花王朝和统治法兰西王国的瓦卢瓦王朝之间发生战争,法方的胜利最终促成了法兰西的民族统一。——译注

组织之间的均衡。传统的封建军队拥有与之相伴的酬劳系统,骑士可以即时拿到报酬。曾经一度,军事人员主要选自上流社会,比如说,最小的儿子就会担当**私人仆役**,并获取可观的薪水,直到征兵的迫切需求最终使得雇佣兵的出身变得含混不清。于是先有众多兵匪流寇(routier),然后又是各种冒充绿林好汉的家伙,这些普劳图斯笔下的反英雄的后代子孙,伊索克拉底所谓"全人类的敌人",和农业帮工一起在市场和庙会游荡。自古以来,他们的生存状况并不比奴隶更好,后者至少还会在战时获得释放并被征兵参加战斗——主要是海战,海战要求大量协作紧密的机械化行动,而陆地战事则仍被当成作"自由人"的事务。军事无产阶级混迹于不断迁移的流民并从中产生,一如 19 世纪的移民劳工或 20 世纪的非法移民。流寇,如其名称所示,会沿着公路到处漫游,当他为寻找季节性的、不确定的雇佣而四处奔走时,**这就构成了他的阶级空间**。卡洛①后来将把他刻画成"爵爷的差人"(capitano de baroni),一个衣衫褴褛、肢体残缺的吹牛者,一个可怕又让人可怜的游民,他头上依然插着羽毛,扛着旗子,行进在《战争惨状》②那无尽的行列之中。

如何临时收留这些战斗游民?这里遇到的问题与救济院或检疫所的过渡性住宿一样。军事化的修道院将解决这一问题,正如常规修道院通过修建围墙把神秘的游方僧固定下来。国家最

---

① 雅克·卡洛(Jacques Callot,1592—1635),法国巴洛克艺术家,擅长蚀刻版画,作品多刻画士兵、小丑、酒鬼、吉普赛人、乞丐和宫廷生活场景。——译注

② misères de la guerre,卡洛系列画作。——译注

终会介入,用公债系统代替公共慈善和"免税盐"(franc salé)这样
的地方税,随后,把社会过剩人口转变成劳动力来谋利,就成了最
显而易见的解决方案:教会的强制劳役是强制兵役的预演,至少
在法国是这样。这是一种非常独特的强制,因为它不能损害独立
工厂主的特权。工厂劳动也无法逃避运动的独裁,它就地复制了
封闭的围场,在一种强制而荒谬的动力循环中,实现被排斥者的
缓慢死亡。我还记得三十年前,那时我还是个孩子,站在卢瓦尔
河靠近一家精神病院的岸边,吃惊地看到成群的病人在干枯的河
床上推车,护卫强迫他们用车装满沙子,然后只是为了把沙子推
到远处倒进水里,循环往复。灼人的烈日之下,这一畸形的运动
永无止境,其间,总会有个可怜人尖叫着一头扎进卢瓦尔河……

　　同样,比方在 17 世纪,一旦面临城市生产商的威胁,图尔慈
善团(la Charite de Tours)的救济院就和其他团体一样,会部分放
弃自己的丝织作坊,让被救济的穷人只限于做一些缫丝和捻丝线
的工作……

　　与此同时,国家强加于农民的劳务的范围有了显著的扩大,
从运送乞丐去救济院或监狱,到输送兵员和罪犯,他们的命运其
实很相似。同样的道理,这一来自封建式准殖民制协定的劳役,
本身已经是一种无产阶级化,一种为了物流任务的需要而对农村
劳动者实行的动员,但却仍然在低于工人的劳动条件下展开。路
易十四有一次对柯尔贝尔说:"你要想知道经济是怎么回事,就去
弗兰德斯看看;你会发现,巩固已被征服的空间几乎不需要花什
么代价。"国王在暗指那些由卢福瓦承担的巨量的土木和砖石工
作。后者追随罗马的先例,将这些工作直接派给士兵,同时只支
付少得可怜的工资并实施军事管理。沿着移民的轨迹,军队无产

86

87　阶级化的道路也在延伸，二者自古以来就难分彼此。加尔朗①提到了这样的道路与商业中心，特定的人力以部落和种族为单位聚集于此，比如伯罗奔尼撒南部的泰纳龙（Tainaron）角。再往后，原初的后勤圈将因为委员会或雇佣军在全国范围征召劳动力的需要日益增长而被创造出来——由此在西班牙形成的著名道路被帕克②比作胡志明小道。沿着这些轨迹，他们建立起临时的兵营，床铺由市镇提供，也像救济院一样提供卫生服务。在凶险莫测的生存环境中，那些脱离收容所或监狱，即将再度变成小兵的可怜人需要这些。一直到 19 世纪，兵营都可以说是某种诊所，因性病和斑疹伤寒等传染病导致的兵员损失比战斗杀伤还多。根据尚布赖（Chambray）的情形，步兵因大规模冲突与移动导致的衰竭而死占据惊人的比例；与此同时，人们也见证了收容所发生的不可避免的进化，它关乎移动中的无产阶级的统一性，如瓦瑟图尔（Wasserthur）医生在 1884 年 6 月 10 日出具的证明中提到的那样，在塞莱斯塔③的医院里，生病和战斗负伤的军事人员就跟伤寒病人、癌症患者还有穷人乱七八糟地躺在一起。

　　军事无产阶级的社会需求长期保持简单，即只是维持其基本

---

　　① 伊冯·加尔朗（Yvon Garlan, 1933— ），法国历史学家，著有《古代战争》《古希腊奴隶制》《古希腊的战争与经济》等。——译注

　　② 乔弗里·帕克（Geoffrey Parker, 1943— ），英国历史学家，在多所美国大学任教，专研西欧和西班牙史，以及早期现代战争史，著有《弗兰德斯军队与西班牙的道路，1567—1659：低地国家战争中决定西班牙胜负的后勤学》《军事革命：军队革新与西方的崛起，1500—1800》《全球危机：17 世纪的战争、气候与灾变》等。——译注

　　③ Sélestat，位于法国东北部德法边境处的一座城市。——译注

生存的东西。对士兵而言,也就是雇佣保障和(工作中的)伤残救助。骚乱和哗变通常采取频繁罢工的形式,其规模有限,一般会跟工资延期支付有关——有时延迟到十年以上。哗变者通常会形成自发的战斗团体,在一个民主委员会的协助下推选首领(西班牙语的 electo,德语的 ambosat,诸如此类)。很快,这些无产阶级部队就会回到他们最初的需求。他们试图占领并掌控一座设防的工事,坚守到他们的雇主最终做出让步,支付他们应得的报酬,让他们又回到公路上去。这些针对有限目标的士兵反叛在政治进化史中仍然扮演着重要的角色,原因在于,士兵们需求的满足有助于在整个国家内部推动将劳动和生产性人口所负有的义务转向这些取代了古代地方领主的"密集人群"。作为经济附属物的捐税,有时就是由士兵直接征收的,"这种简便办法遭到柯尔贝尔的反对,他要求收税人(当时人们已经这样称呼这群可怕的禽兽)只在万不得已的时候再动用武力"。这样一来,公共财政就能用更加适当的方式维持常备军,并对抗在保证固定工资的情况下会大量出现的开小差现象。到了略为缓和的时期,就像克劳塞维茨指出的那样,要是随地聚拢不明就里的游民编入部队,也不管他的过往或出身,那么军事上的事情就很难拿金库里的钱顺利完成。很多健全人在那时别无选择,只能去抢劫,甚至变成肆虐乡野的强盗,"传令兵骑马在前,身在荒原,拿不着钱"。

　　自巴贝夫和恩格斯以来,关于无产者/士兵的身体机能,关于为战争机器服务的义务,关于重复实施的数量固定的联合军事演习(例如,在 18 世纪,加农炮每发射一次,大约需要十个动作才能完成),已经有过很多讨论。后来人们开始对无产阶级劳动者的生存环境展开调查,但与此同时,却又像恩格斯那样,不愿意放弃从不可追忆的时代起就围绕着并非自愿移动的大众的身体的那种蔑视与反感:法国大革命期间,"谢普雷法"①让获得解放的工人又处于监管之下;女性的身体成为禁区,被关在闺阁或封闭的房间里,她的性器官被出售或出租,同样也被锁闭起来,成为她临时的所有者利益的源泉……"迷失的孩子"的身体,成了训练和矫正的理想对象;而"土耳其近卫军(新兵)"的成员,在他们很小的时候,在经历军事无产阶级化之前,就被带离身为奴隶的基督徒父母。在 15 世纪,格兰松(Grandson)和莫拉特(Morat)战役表明,瑞士军队赋予了敢死队何等程度的重要性,他们被安置在阵前以愚弄敌手;他们只是被从城市郊野抓来的游民,注定要死掉的可怜的传令兵。17 世纪的时候,当沃邦从一次巡视中返回,他宣称帝国已陷入危险,因为"一些城堡的守卫者是由儿童组成的驻军和小队,这些可怜的小家伙被人用暴力从其家里**劫走**,或用一千种不同的方法**偷来**"。劫持,绑架——速度专政狂的惯用手段。由此,1789 年的军队革命通过立法让无产阶级儿童参战,也就成了正常的事情。

1846 年,《两个世界评论》(*Revue des Deux Mondes*)警告称,在一年之内,法国将有 3.2 万例遗弃案,或者每 30 个儿童中就有一个被剥夺市民地位,也就是**身份**。受此触动,乔治·桑在小说《弃儿弗朗沙》(*François le Champi*)中描述了孩子被委托给一个旅行者,后者用马车把他带走,又把他丢在荒野里的过程。身份的丧

---

① 法国大革命初期(1791 年 6 月 14 日)由国民议会议员伊萨克·谢普雷(Issac rené Guy Le Chapelier,1754—1794)提议并起草的法案,取消同业公会和行会,禁止罢工。——译注

失仍然与被排除在一个地理群体之外相关,这关系到设置一条运动的轨迹,也关系到送"尚未到达理性年纪"的孩子上路。

"自由"动力和纯粹的"机械"动力之间依然存在差别,后者来自机器,因此,即便是无知之人或动物,也能操作得一样好(马里奥·伊奎克拉①)。正如安东尼·布兰特②在《1450—1600年的意大利艺术理论》(*Artistic Theory in Italy 1450—1600*)一书中所说:"体力劳动在文艺复兴时期(人类中心)的社会,和在中世纪一样,都被认为是卑贱的。"事实上,工人的身体不会被用作人体模特,后者是一种理想化的创造物,从根本上说,维特鲁威人③理智而和谐,因为他被纳入了欧几里得几何学的圆形和网格之中,这是社会优越性的象征,因为它是关于侵略者、主宰者的轨迹的几何学。

当下围绕动物处置、遗弃、屠宰和活体解剖展开的争论,看起来会让人感到奇怪,围绕拍摄过程中牺牲大量动物的票房大片展开的争论同样如此。针对这一语境,我们不妨引用一位替身演 90

---

① 马里奥·伊奎克拉(Mario Equicola,1470—1525),意大利文艺复兴时期的人道主义学者、作家、藏书家,著有《爱的本性》《生活与工作》《曼图亚的历史》《没有希望也没有恐惧》《对土耳其开战》等。——译注

② 安东尼·布兰特(Anthony Blunt,1907—1983),英国艺术史学家,曾于20世纪30—50年代为苏联充当间谍,后免于起诉,但被剥夺骑士头衔,著有《1450—1600年的意大利艺术理论》《1500—1700年的法国艺术与建筑》《巴洛克、洛可可建筑与装饰》等。——译注

③ 列奥纳多·达·芬奇于1487年前后根据维特鲁威在《建筑十书》中关于完美比例的描述,用钢笔和墨水在纸上绘制的人体素描作品。——译注

员，多米尼克·扎尔迪①先生对 1977 年 8 月 16 日《法兰西晚报》（*France-Soir*）上发表的一篇题为《动物的殉难》（"le calvaire des bêtes"）的读者来信做出的回应："小演员（和动物）被装在同一条船上。他们同样是少数，遭受欺凌，战战兢兢，被删去戏份……我的确是个粗人……**但没有任何动物像我这样干过活儿，我也从没有伤害过任何动物、女人或孩子，因为所有人都知道他们是一回事。**"替身那被剥夺了理性的身体，被与其他家畜等同对待，**装在同一条船上**；他的工作表现也被运动的独裁者——电影导演——视为绝对可以等同于动物的表现。我们知道，在古代社会，围绕"供驮乘的女人"（femme-de-bât）的婚姻而展开的讨价还价和仪式，一般会包括各方之间的动物交换。动物性的无产阶级在军队和警察当中继续存在，近来对海洋哺乳动物的使用，可算是一个现代的例子，其寿命超过了加入步兵战斗编制的狗的军团，以及如马尔罗②在谈及阿金库尔（Azincourt）之战时所说的那些提供卫生服务的"猫队长们"。作为载具的马匹的躯体，在中世纪类似于

---

① 多米尼克·扎尔迪（Dominique Zardi, 1930—2009），法国演员，曾出演过 200 多部电影，包括《洞》《狂人皮埃尔》《悲惨世界》等。——译注

② 安德烈·马尔罗（André Malraux, 1901—1976），法国作家，曾在戴高乐任总统时出任文化部部长，著有《征服者》《王家大道》《人的命运》《轻蔑的时代》《希望》《艺术心理学》《想象中的世界雕塑博物馆》《诸神的变异》等。此处典故出自马尔罗的一次访谈，他提到，英国在百年战争期间的阿金库尔之战中之所以能以少胜多击败法国，是因为当时携带黑死病菌的老鼠肆虐欧洲，还经常咬坏经过涂抹油脂处理的弓弦，而英军则以大量的猫来对付老鼠，从而保持了军队的战斗力，故称之为"猫队长们"。——译注

抛射物,大象的躯体相当于坦克、推土机、拖拉机,公牛、骆驼或骡子则相当于吉普车。至于鸽子,这是些捕食者,它们扮演着媒介的角色,其所有权保留给本身也是捕食者的社会精英。信鸽提供的快捷信息使得雅克·柯尔①在股票市场,特别是在海运贸易方面获利丰厚。在他位于布尔日的办公大楼里保存的盐税天平令人震惊,设计这样一个就字面而言的水槽,是为了衡量向"劳工/生产者"组成的畜群征收的税额,征税的依据是他们作为需要供养的动物体所需的食盐的数量——他们所流汗水的价格,因为体力运动时,身体对食盐的消耗量是休息时的五倍。甘地在印度发起一场广泛的运动反对英国人的食盐税,**就因为它是西方侵略者强加给被殖民人民的一种暴力经济和慢性死亡的手段**。但时至今日,就那些被剥夺了身份的漫游者、那些活死人的身体而言,最广为流传的信念仍然是,它们应该被不属于自己的意愿所占领和拥有,这也正是腓特烈大帝的名言"不要思考!"的确切含义。在这一依照特定性、社会、种族类别取消主体意愿的语境中,很有必要联想到美国黑奴后裔的处境,联想到他们争取**公民权**尤其是选举权的斗争,这不过是想要成为"自由人"的**意愿的权利**,而它却从不被赋予没有灵魂的身体。在法国,1791 年 8 月 27 日的法令进一步加剧了这一倾向,它要求参与选举者必须是**土地所有者**,游民的身体永远无法插手,女性同样无缘于此,她们将会发现,选举权的获得是如此艰难,要想加入这一令人好奇的共和制的普世主义是如此艰难!

91

---

① 雅克·柯尔(Jacques Coeur, 1395—1456),法国商人、银行家,曾在查理七世治下出任财政部部长。——译注

在此我们将发现，(从开放的海洋到自由的战争的)"自由理性"在社会和政治层面是何等重要，其参照并不是非理性，而是理性在无知者身体中完全彻底地缺席。这种参照关系在马克思主义和资本主义的组织结构图中获得了同样忠实的复制，只不过未来一段时间内在后者中属于较低级别……随着速度主宰的降临，我们见证了原始轮回的某种倒错：当灵魂被归于个体，它也就变成了理性，换言之，变成了我们的行为、运动的预定规则甚至我们总体命运的规定路线中的一个席位。此外这一转变也还遭遇到因常识和一种几何式假设的混淆而产生的阻力，这种假设来自一些**卓越的心灵**，比如蒂雷纳①和沃邦这样的军人以及柯尔贝尔这样的资产者。莫罗·德·约内斯②在他的《1589 至 1715 年间的法兰西经济与社会》(*Etat économique et social de la France de 1589 à 1715*)一书中就此评论称：统计学与我们长期的习性是不相容的，沃邦这种从 1 得出 25000 的结论的做法不应该获得我们绝对的赞同，但在缺乏实地调查的情况下，也只能求助于归纳法，才能用多少有些偏差的近似值建立起分配的概念。后来，亚瑟·扬、沙普塔③和拉瓦锡根据沃邦的归纳模型建立起各自的统计表，但其中有两个都推导出了错误的预测。不止如此，莫罗还指出，沃邦的

92

---

① 蒂雷纳子爵(Viscount de Turenne)，全名亨利·德·拉图尔·奥弗涅(Henri de La Tour d'Auvergne, 1611—1675)，法国波旁王朝时期军事家。——译注

② 亚历山大·莫罗·德·约内斯(Alexandre Moreau de Jonnès, 1778—1870)，法国军人、冒险家、地质学家，曾担任法国统计局负责人。——译注

③ 让-安托万·沙普塔(Jean-Antoine Chaptal, 1756—1832)，法国化学家、医师、农学家、实业家、政治家、教育家和慈善家。——译注

数据**转换成了公制度量单位**,因此还更容易理解一些……灵魂既不先于其身体-载具或身体-机器存在,也不会在后者消失之后继续存在;但它作为潜在的理性,特别是科学的理性,却能够作用于时空遥遥相隔的异己者的身体,动物性、领地性、植物性的身体,没有意志的身体,**尚未出生的身体**,把它们变成技术性的身体或技术的对象。这是真正的社会控制,关于引擎的动物寓言集。纯种马不再有任何作为,拜缰绳构成的传动带和充当加速器的马刺之赐,它受制于骑手,或则它将咬紧缰绳一路狂奔,恢复到狂野不羁的状态……它表达它自己!

理性(如《圣经》所示),对身体来说,意味着死亡的一种形式。值得注意的是,在古典时代的开端处,由疯子和着魔者上演的景象非常流行,就像今天的瘾君子。我们暗中监视他们令人费解的态度和话语中存在的动力学失调。即便着魔者叫喊、讲述或抱怨,他也像是动物一样,并不被认为是在受苦,由此也就无法成为怜悯的对象。也正是在这个时候,这些丧失灵魂的身体的物主、执行者、法官或医生就会日复一日地对其动用包括司法武库和"医学"治疗在内的种种处置手段:炮烙、注射、拔去指甲和头发,最后还有电击。身体是一间空屋子,如果人们不加小心的话,各种令人不安的房客就会穿行其中——这间屋子最好尽量弄得让人不舒服,时至今日,通过将**无意识**还原成理性化的意识的**表达**,精神分析实际上已经再度实现了这些信念。然而这些身体又不只是房间,它们也是**新陈代谢着的载具**。我们试图从它们之中抽取的伪魔怪(pseudo-démons),主要是本身也处在转运过程中的智能,它鸠占鹊巢式地占据了"驾驶员的位置",再次以骑手的方式操控着马背,宣称"发动机尽在掌握"。外部的"智能"向空虚

93

的身体注入一股不寻常的活力,命令它做出相应的动作。在古代的转生想象中,智能的过剩寻找着无差别的物质。轮回的运动应该是自然发生的,尤其是在生死之际,无差别地进入任何身体,由此创造出一种超越社会组织的物质均衡。还有一点:如果土地劳动者转生成了征服者,这一人口的诗意潜质就转变成了军事潜质,灵魂那诗意的轮回就变成了征服,也就是身体的远航,后者同样也意味着他们的解域化和不平等。通过理性化的占有,登入新陈代谢载具简直就是一种海盗行为。奥利文斯坦①医生说精神分析是"心灵论实施其**渗透**的最有力、最重要的**杠杆**",无意识总是指向暴力和权力/侵袭的权利,指向其机械技术。在经历所有这些说法和做法之后,在 1977 年的一次会议上被同行指控有政治暴力倾向的俄罗斯心理分析师,或许才是最忠于这一行当的伦理的人。换言之,这也就是斯金纳②那里的抑制与矫正和萨考尔③对毒瘾的疗法,如奥利文斯坦所说,"他们是不再吸毒了,**但却像影子一样四处飘荡**",已经成了随时准备接受不同寻常的乘客的活死人。人类之爱的社会性展演,或许是偶尔会肉身化的液态灵

94

---

① 克劳德·奥利文斯坦(Claude Olievenstein,1933—2008),法国精神科医生,专门从事对药物依赖的治疗,1971 年在巴黎成立玛莫丹(Marmottan)医学中心,为戒毒人员提供护理与支持。——译注

② 伯尔赫斯·弗雷德里克·斯金纳(Burrhus Frederic Skinner,1904—1990),美国心理学家、作家和社会学家,新行为主义的代表人物,发明心理学实验装置"斯金纳箱"(Skinner's Box)并提出"操作性条件反射理论",著有《科学与人类行为》《言语行为》和小说《瓦尔登二号》(又译《桃源二村》)等。——译注

③ 马丁·萨考尔(Martyn S. Sakol),英国临床心理学家。——译注

魂最后的诗意显现形式之一。对性行为的残酷揭露,性教育或作为技术启示录的色情文化,是登入"无知者"身体的另外一种方式,是合乎健身房逻辑的直接后果。继著名的"瑞典风格"体育文化之后,就是公路和性的现代混合,随机相遇就交叠在一起的身体;过后即忘的性冲撞;偷来的汽车和摩托,强奸和抛弃。①

"行为端正"已经不再是公立学校所教导的**道德操守**,取而代之的是对道路标志的教导,就像是教学法已经变成小学的必修课那样。然而,难道这不早就是军事修道制度的一项尝试吗?它把基督神秘的躯体转变成一具武装起来的身体,变成行军的秩序。

早在海盗、袭扰部队或暴徒之前,军事化的僧侣就热衷于死亡与恐怖的兵工厂。事实上,如果社会的军事化从此把每个公民都变成**一台战争机器**,僧侣-士兵将会是这个领域的模范与先驱。目的在于镇压军事化游方僧的骑士团改革是一场重大的革命,因为僧侣的"与世隔绝"如今已经扩展到了更大的、国家范围的武装团体。修道院式的自闭主义风俗,就其时间、空间方面的本质,就它对社会和人际组织的弃绝,以及对个人趣味和身份的抛弃而言,预示了海德格尔谈到的那种由技术革命带来的虚无主义。当

---

① "男人不仅在其诞生时是女人的乘客,在他们的性关系当中同样如此……要是对塞缪尔·巴特勒加以发挥的话,我们可以说,女性是男性为了自我繁殖,也就是说,为了进入世界而找到的方法。在这个意义上,女性是物种迁徙的最初手段和整体拥有的第一种载具,第二种则是为了迁徙、为了共同的旅程而被装配起来的牲口相互连接的不同躯体。"维利里奥:《旅者的灵魂转生》(*Métempsycose du passager*),午夜(Minuit)出版社,1977。

95　僧侣自愿放弃自我,宣誓效忠于沉默、节欲,尤其是服从,他就变成其意识之"指导者"的载具,像传送带一样传导"秩序",也就是优越而普遍的"理性"。我们知道,修道院制度与其说是一种宗教创举,不如说是一项军事发明,而且还遍及所有地区。自古以来,只要关于国家的观念获得发展,军事流派就会同时成倍增加。毫不奇怪,黑格尔关于现代国家的概念会在普鲁士诞生,这里是1525年实现了世俗化的条顿骑士团的旧有领地。正是意大利烧炭党,凭借其"单人牢房"形式的组织,成了其他革命团体的模范,其秘密运动在俄国成为一场系统化的恐怖主义战争的轴心,也是一种长久持存的虚无主义的轴心,其持久性足可与大骑士团发起的长久战争相比拟——先是对战穆斯林,随后是在欧洲对战斯拉夫人,或是在西班牙对拿破仑发起游击战……而像盖克兰①这种军事化修道院的秘密首领,照样也在这些地方有着良好的表现②。以同样的方式,清教主义和工业化在盎格鲁-撒克逊国家携手并进。通过工业寄宿学校,把儿童和妇女没有灵魂的身体投入劳动变成了一种救赎性的举措,因为这些身体将被纳入理性化灵魂的指导之下,这种灵魂属于工程师,分配给他们的职责就是对前者的态度和姿势加以定义。劳动带来自由( Arbeit macht frei ):纳粹

---

　　① 贝特朗·杜·盖克兰( Bertrand Du Guesclin, 1320—1380),中世纪晚期法国民族英雄,百年战争时期法国骑士统帅。——译注

　　② 特别参见:毛立蒙( Morimond, 位于上马恩)修道院和明谷( Clairvaux)修道院的档案;贝尚松( Besançon)和卡庞特拉( Carpentras)的图书馆;弗朗西斯·古东( Francis Gutton)所著《卡拉特拉瓦骑士团》( *L'ordre de Calatrava* ),乐蒂耶勒( Lethielleux)出版社,1955;等等。

的劳动集中营就是用他们的方式对这一古老的动力学信条的重振。

在这些不同的例子当中,征服者、战士所承担的功能似乎恰好跟教士相反。就犹太-基督教而言,一切都已在《圣经》最初的几页里写定:**战士是堕落的教士**。事实上,第一宗谋杀就是直接围绕着占据并利用富饶土壤的手段,特别是围绕着作为交换、由上帝收取的土地租金展开的。上帝欣然接受了牧羊人亚伯的献祭,却拒绝了农人该隐。第一个杀人者的形象直接**围绕着土地租金**显现出来,这同样也都在几行字里说出,土地"开了口"并因第一次喝下了人血而发出**痛苦**的哀告,与土地相联系的身体则得以幸免。(你种地,地不再给你效力,耶和华说,你必**流离飘荡**在地上。①)种地的农人突然解域化,这第一个杀人者直接被委任为**城市的建造者**(平民)。

教士(祭司)和族长之所以拥有其权势,在于他有能力建立并维系这种与神/自然展开的交换和贸易并驯服后者的任性和暴力;也因为他凭借其科学的经验主义,知道去接受献祭,也就是土地的租金(他设定并征收捐税、什一税,或是直到今日仍存留的教堂募捐)。当地中海沿岸出现与"外来者"以物易物的贸易,人们奇怪地看到,交换会以相似的方式发生(就像今天某些游牧民族还在实行的那样):双方没有任何物理甚至视觉的接触,货物存放在海岸或路边,陌生人经过那里,取走货物并放下等价的东西,然后就转身离开。这样一来,他就像影子一样经过他人的领地,几乎不会踏足其上,就像是那些占据着宇宙中不可见或无人居住的

96

---

① 出自《旧约·创世纪》。——译注

部分的灵魂与意愿。殖民地的货场和自由港仍在以自己的方式复制这一存在于军事惯例之外的交换进程。战士,速度专政狂型的杀人者,城市十字路口的领土整治者,从历史的开端处起就集中所有的努力与技术从土地中抽取租金;武装力量永远都是一种实施军事占领的力量,也正是在这个层面上,战士表现为堕落的教士。奇怪的是,总体战和核对峙似乎要把他带回最初的角色。事实上,核威慑原则不仅是一种战略手法,也是地球上的居民最终要支付的租金,从字面上说,就是到了**他们的付款期**(终点或尽头);没有国籍的军人在世界范围内建立起核围场,就能向某些人口收取高昂租金,鉴于其"覆盖和保护的面积"所达到的规模,这些人口将包括所有土著居民。这样一来,身为军事保护者和收税者的主人公们所承担的功能,就绝不应该被局限于甚或等同于"人工交易",比如像克劳塞维茨理解的那样。战士或僧侣-士兵对土地(神圣的)好客性的侵犯,并不只是以国家的名义获取或积聚土壤与财富,对国家而言,他不过是个工具(如圣鞠斯特所说,是杠杆!)而已,所有这一切都意味着侵犯本身的无限扩张。此外我们还会清楚地发现,**伟大的**征服者们也在模仿这一进程:亚历山大大帝心满意足地疾速前进,唯一让他担心的是**遭遇极限**,以致他的渗透力也宣告终结;腓特烈大帝宣称"要取胜,就前进";拿破仑则声称,**他想要缔造,而不是占有**。征服被简化为寻找,动作就是移动。拿破仑死时一贫如洗,与僧侣-士兵别无二致。在战场上,他所穿的小灰制服把他同他的官员、全身盛装的将领及雇佣兵区分开来,也标示出他赋予其军事艺术的那种"超然"的特点。堕落的教士——无论出自基督教还是其他宗教——在建立炼狱的同时也建立起战争的军火库,他们将贫穷混同于"恨世",

97

与恰恰是围绕绑架人质和赎金系统展开其运作的银行政策混为一谈，认为社会保护会导致慈善蜕变成对身体的救助和金钱效力的贫乏等反常现象——其程度如此之深，以至于一旦这些重大机制的运转对他们不再有利可图，罗马僧侣们的教皇制度、其军事和社会安全体系、宗教裁判所及其世俗权力就会一同崩溃。对**伟大的**征服者而言情况同样如此，一旦他们宣布放弃对其他民族的侵犯，就都会立刻被抛弃，一切伟大都存在于攻击当中，存在于从距离中借来的维度。战争就是攻击，因为战争就是对大地好客性的持久侵犯，是这种侵犯的不断渗透。在此，有必要重新审视赛车的计速器——它是战士之所是的实际尺度，是令人眩晕的时间之流，是对已经超过的里程征收的速度税。这些里程摧毁了地球上的居民，而其征服者的实质和留给幸存者的时间的尺度也同归于尽。简言之，如同拓扑学环路中的翻转，其消失与否取决于他在其所处时空之中能对亚历山大大帝所提的问题给出什么样的回答，即如何面对其局限。① 侵袭者的表现类似于那些与他同源的运动员，那些奥运冠军，他们的纪录先是以小时，随后以分钟，继而以秒，继而以几分之一秒为单位提升，他们表现得越好（速度越来越快），获得的领先优势就越微小，只有通过电子设备才能觉察到。终有一天，冠军将消失在他自己创造的纪录的极限之中，正如他在其中充当对象的生物学操作已经表明的那样，他就像是人为施予濒死者的医学保命手段。对速度专政狂而言，引擎也是一种用来保命的假肢。值得注意的是，最早的汽

98

---

① 人们或许会在这里找到反对斯巴达的一个深刻理由，也就是保存在吕库古的体系中的那种移动形式。

车——约瑟夫·居纽①于 1771 年发明的军用板车,是用蒸汽做动力的,它已经将自身放置于动物身体的转生轮回所具有的极限当中,作为历史演化的中继站,作为从新陈代谢型载具向技术性车辆的过渡,它喷出的烟雾就像是最后的呼吸,也是活体动力最后的象征性表现。

---

① 尼古拉斯-约瑟夫·居纽( Nicolas-Joseph Cugnot,1725—1804),法国军事工程师,曾设计制造出世界上第一辆汽车。——译注

## 三、无产阶级的终结

> 只有在别人都不开火的情况下,无产阶级暴动才有
> 可能发生。要是他们调来两个坦克营对付你,那无产阶
> 级革命就什么也不是……
>
> ——安德烈·马尔罗

所有证据都表明,竞速学式的进步和我们习惯上所谓的人类与社会的进步同时发生,但并不汇合。这一进程可概括如下:

1.在一个没有技术车辆的社会,妇女扮演着后勤式配偶的角色,她也是战争与四轮车之母。

2.对没有灵魂的身体实施无差别的寄居,使之充当新陈代谢型的载具。

3.速度和技术车辆的王国。

4.新陈代谢型的载具先是跟地面型技术车辆竞争,随后被其击败。

我们可以合乎逻辑地用最后一条来总结:

5.无产阶级专政和历史都将在针对时间的战争中宣告终结。

要是回想一下戈培尔或恩格斯的定义,那么好斗分子(工人

或其他革命者）这个说法只不过是在表明一种降级了的无产者-士兵形象。工人的无产阶级化只不过是军事化的一种形式，一种暂时的形式。

100　　自 1914 年以降，无产阶级的动能与政治已经不再对欧洲战场抱有幻想，但它对大陆上发生的战事来说却依然不可或缺。军事阶层为确保对无产阶级的控制，就给予后者以拥有主导权、能够淹没资产阶级堡垒的幻觉。但这些堡垒已经从四面八方被高速路式的媒介（无线电、电话、电视）所突破并摧毁，被其先前的防卫者交付给总体战的反城市战略所造成的即时毁灭。不过，我们很快就会在布拉格、华沙、贝鲁特认识到这一**军事许可**的极限……1968 年 5 月的巴黎同样如此，在奥德翁剧院被占领之后，政府已经准备好立即动用装甲车干涉群众骚乱。

　　同样不难理解的是，在 20 世纪 20 年代，当"布尔什维克威胁"从慕尼黑扩散到印度大门口的时候，法国政府立刻实施新政，启动了社会援助。所有这一切之所以成为必须，是由于欧洲及世界范围内的军事-工业化国家重新部署其物流的需要。然而，每当人们看到《凡尔赛和约》前言的第 13 部分，发现它宣称"工人阶级的生活条件"——称作"世界军事力量的均衡"恐怕才更合适！——"与世界和平不相容"的时候，却还是会感到震惊。

　　这是一种新的混合，云格尔①稍晚时候在 1932 年的《劳工》（ *Der Arbeiter*，融合了士兵和产业工人的劳工形象）一书中对此曾特别予以揭示。这部作品后来赢得广泛读者，并很快就变成了德

———————

① 恩斯特·云格尔（Ernst Jünger, 1895—1998），德国作家、思想家，狂热的军国主义者，曾参加两次世界大战，著有《钢铁风暴》《在大理石的悬崖上》《赫利奥波利斯》《玻璃蜜蜂》等。——译注

国人的一份货真价实的政治纲领……

　　同样，法国左派联盟就是个幌子，因为他们直到此时仍执迷于像克吕泽烈①将军说的那样，坚持"军队在社会等式中保持为未知数"。简单说来，它唯一的力量就在于它在军队问题上的沉默，围绕国防问题，它面临着始终坚持军事无产阶级化的马克思主义模式的共产主义者以及一些激进派同社会主义者之间的对立，后者在 1968 年 5 月之后将"人性的外观"投注于社会主义之中，还善于集结起新的在相当程度上非政治化的选民，它的解体也就因为这一对立而变得不可避免。正是在发起"康乃馨革命"（Movimento das Forças Armadas，直译为"武装部队运动"）的葡萄牙将领们的保护下，才得以在南欧宣布"无产阶级专政的终结"。我们不应该像乔治·马歇②后来宣称的那样，就此看到欢欣鼓舞的理由和意识形态意志的软化："'专政'这个词在经历了法西斯主义之后变成了刺耳的东西。"我们也实在无法指责葡萄牙的军事领导人过于人道主义，他们在回国之前对殖民地实施了漫长而血腥的镇压。事实上，当库尼亚尔③开始对这些信奉马克思主义的军官

---

　　① 古斯塔夫·保罗·克吕泽烈（Gustav Paul Cluseret，1823—1900），法国政治家、军事活动家，1871 年当选为巴黎公社委员，先后任军事代表和第二届执行委员会委员。在军事斗争中采取消极防御方针，致使公社事业蒙受重大损失，因失职被撤职逮捕，经审理后无罪获释。著有《军队与民主》《克吕泽烈将军回忆录》（三卷）。——译注

　　② 乔治·马歇（Georges Marchais，1920—1997），法国政治家，早年为机械工人，1972—1994 年间担任法国共产党总书记。——译注

　　③ 阿尔瓦罗·库尼亚尔（Alvaro Cunhal，1913—2005），葡萄牙政治家、作家、艺术家，1961—1992 年间担任葡萄牙共产党总书记。——译注

大献殷勤,无产阶级专政就重新获得了它最初的军事意味。作为战争技术人员,他们知道,无产者的动能在主宰战场之后开始主导政治生活,战争技术人员的时代就将终结,如列宁所说,这也就是工人阶级突然发现自身受到资本家的拉拢和恳求之时。从此之后,无产者的动物体将发生贬值,正如在他之前的其他家养物种。无产阶级专政的终结只不过是对一些事实的确认,举例来说,其共产主义版本就如法国军队对审查委员会的撤销(根据1970年7月9日的法令);在自由主义一方,则如"三边委员会"①关于民主危机的声明所示:"我们已经认识到,如果经济增长潜在地具有适当的限制,那么民主的无限扩张也应该潜在地具有适当的限制。"自由民主的这一危机,标志着公民动员的一种特定形式的终结,生产者主导历史并居于其核心地位的那种虚构出来的形象被两大意识形态阵营同时抹除,无产者/劳动者和资本主义世界的消费者/生产者,一并被宣布为不再有用。就此而言,"康乃馨革命"的经验颇具典范性,因为它声称要把葡萄牙左派力量整体提升到另一个层次,达到一种"军队文明"。于是在1975年,舰长科雷亚·热苏伊诺②当上了"社会通讯部部长"(这让我们想到在路易十四治下对海军实施无产阶级化的瓦尔贝尔③,他以前也

---

① 成立于1973年,是由美国银行家大卫·洛克菲勒发起,由来自北美、西欧和日本三个区域的学者及政经要人联合组成的政策研究组织。——译注

② 豪尔赫·科雷亚·热苏伊诺(Jorge Correia Jesuíno,1934— ),葡萄牙社会学家,曾在1974年作为海军军官亲历"康乃馨革命",后在里斯本大学从事研究和教学。——译注

③ 让-巴普蒂斯特·瓦尔贝尔(Jean-Baptiste Valbelle,1627—1681),法国海军军官,曾在1672—1678年的法荷战争期间担任法国军舰指挥官。——译注

是船长），他把"左派"官员描述为"研究原始人的民族学家"，因为在他看来，葡萄牙人民尚未开化。让-弗朗索瓦·勒维尔①在《快报》(*l'Express*，1975 年 4 月 14 日)上报道了上述说法，同时还指出，葡萄牙人的平均工资跟布列塔尼或威尔士差不多，实在看不出"未开化"的说法所从何来。事实上，要是从经济学角度出发，而且在重提人人有份参与国家整体之前不先提出速度专政的军事思想，那么所有这一切都会变得无法解释，这种参与也会变得问题重重。同样的道理，如果说 1977 年的核问题导致了法国左派联盟的分裂，那与其说它是一起涉及百万吨级别的问题，不如说是**新型核力量之政治载体**的问题。在我们尚未意识到的情况下，**核武器已经从逻辑上修改了世界范围内国家的政治构成**。用一位律师的话说："我们必须意识到，通过改变我们的实际构造，核武器已经将自身表露为宪法权利的来源之一。"还有，在核威慑中起决定作用的因素并非最终的爆炸，而更多取决于 1958 年法国宪法第 5 条和第 15 条向已变为独立决策者的国家和军队首脑、共和国总统等国家领土完整性的保障者提出的那些问题。政治决策的速度取决于各种载具的复杂程度：如何运输核弹？以多快的速度？核弹是政治性的，我们很乐意再重复一遍，它具有政治性，并不是因为一次永不该发生的爆炸，而是因为它是军事交通网的终极形式。

政治资产阶级和"革命"的政党一样，都被长期的共存和全面就业，被持续增长带来的安乐所麻痹，他们正在欧洲坐实"面对刺

---

① 让-弗朗索瓦·勒维尔(Jean-François Revel，1924—2006)，法国哲学家、政论家和作家，法兰西学院院士，著有《僧侣与哲学家》《没有马克思也没有耶稣》《极权主义的诱惑》等。——译注

刀,人们所能做的只有安然坐在上面"这一说法。今后的无产阶级革命将**必然要**经历位于国家宪法体制核心处的军事机构的革命,而且事实上,过去这些年来抢先下手的主要角色已不再是大型政党,而是军队,是工会,甚至是军队中的工会。这里需要注意的是下述事件的超国家性特征,当法国全国劳工同盟(C.F.D.T)在其支持者中大力推广军事工团主义(syndicalisme),提议组建一个"士兵的政治共同体"时,在同一时刻的美国,著名的"劳联-产联"(A.F.L.-C.I.O.)①则宣布愿意将士兵工会纳入麾下。这里发生的事情是根本性的,却还没有人明确指出:一种超党派的对话正在世界劳工力量和军事阶层之间建立起来。而且简单说的话,由此造成的欧洲的"拉丁化"程度将堪比南美大陆。如果按照"被认为是秘鲁军队中最具才干、最具进取心的领袖之一"(《世界报》[*Le Monde*],1975 年 11 月 4 日)的巴尔加斯·普列托②将军在一次访谈中的说法,"秘鲁革命真正的先驱是由其武装力量构成的,他们是**人民的根基和体制化的精华**,因为他们就来自人民",那么我们必须意识到,这其实意味着要回归一种远远早于政治马克思主义的境况,即通过无产阶级革命力量对国家-城邦加以否定。《世界报》在 1977 年 8 月报道称,皮诺切特将军为了构

---

① 全称为"美国劳工联合会-产业工会联合会",由成立于 1886 年的"美国劳工联盟"(the American Federation of Labor,简称 A.F.L.)和成立于 1935 年的"工业组织协会"(the Congress of Industrial Organizations,简称 C.I.O.)于 1955 年合并而来,是美国历史最长、规模最大的工会组织。——译注

② 奥斯卡·巴尔加斯·普列托(Oscar Vargas Prieto,1917—1989),秘鲁军人、政治家,曾担任秘鲁国家会议主席、国防部部长和总理。——译注

建军事化的警察力量,已经解散了 DINA——其政治警察队伍。
事态越来越清晰……这实际上意味着启动了超党派化进程的理
性化民主国家的终结,在该进程中,最不协调、最不"社会主义化"
的工会和团体将扮演主要角色。我们正走向国家生产体系的爆
裂,同样也在走向工会的个体化,举例来说,就像美国发生的情
况,人的工作较少取决于生产力,而更多取决于劳动力市场上的
利益游戏。这种情形伴随政治行动统一性的碎裂出现,使得在仍
自存活的古老的政治国家层面上,一切能够想到的,甚至最野蛮
和最分散的军事调遣都成为可能。借此,美国中情局预见并精心
策划了智利民主制的崩溃,在道路系统上展开的行动则由交通、
通讯等从业者的工会来承担。然而,我们又该如何理解诸如纽约
或蒙特利尔这种老式城市堡垒遭遇的破产处境?工会的运作已
被犯罪集团接替,后者正彻底取代昔日由资产阶级雇员提供的管
理与服务。秩序仍在支配布朗克斯,这得归功于黑手党,它自身
正在实现国际化,其眼下的目标是与军事阶层直接合作,这一点
在近期的一桩丑闻中获得了揭示,它表明以色列军方与国际犯罪
组织成员有瓜葛。无论小偷小摸的罪犯还是大型犯罪组织,他们
所从事的都远非政治军事游戏,而是趋于解域化,对以国家或任
何其他形式稳固下来已不感兴趣,他们看到自己的地方性手艺正
经历重大的价值重估;军事阶层则日益疏离其资产阶级伙伴,放
弃街道、公路等过时的载体,而转型为收保护费的中小型企业。
纽约市的一些工会已经变成了管理者和银行从业者,正开始用单
纯的危机管理功能取代其成员的生产性活动。在意大利,暗杀、
绑架等犯罪事件正在增多,金钱利益则与一大批自称"革命者"的
小团体的利益混在一起,正义陷入危机,他们一边说着解放人民,

104

一边敲诈几十亿。公共舆论对此乱象感到愤怒，然而这种犯罪势力兴起于大众的情形，其实不过是**一种政治索赔**退回到了无法控制的境地，只因为古老的国家行为学——社会理想——已经变得无足轻重且不再具有动员效力。

由此我们就可以理解，马歇或谢维纳蒙①先生这样的政治领袖突然到访办公室或车间、会见工人，并不构成对雇主或政府的挑衅，而是已经贬值的革命意识形态的代表在不加声张地企图将底层民众重新纳入掌控。而在葡萄牙，共产党在军方首脑周围发起的机会主义尝试已经彻底搁浅，曾一度摇摆不定的法国共产党则似乎想要采取贝林格②在意大利实施的大胆方案，后者著名的"历史性妥协"其实不过是内外均承受重担、面临完全消失危险的几个传统政党在最终联合之际感到的绝望罢了。

当这些人还在尝试让法国大众处在过时的战略和社会信念中时，军队却已将其人员散布在民事活动的要害部门，并在执行道路监管任务方面胜过警察。从此之后，无产者/军事人员的工作就变成了警戒公路和机场，在公共道路上清理垃圾（像民主党的亚伯拉罕·贝姆③这样的政治人物，就是在这种地方遭到了嘲笑），同样也包括承担通讯和急救任务，实施某些增加声誉的行

① 让-皮埃尔·谢维纳蒙（Jean-Pierre Chevènement，1939—），法国政治家，曾出任教育部、国防部和内政部部长等职。——译注

② 恩里科·贝林格（Enrico Berlinguer，1922—1984），意大利政治家，曾担任意大利众议院议员和意大利共产党总书记。——译注

③ 亚伯拉罕·贝姆（Abraham Beame，1906—2001），1974—1977 年纽约遭遇财政危机期间担任纽约市市长。——译注

动,比如反污染,声援保卫考古遗址或癌症研究的运动,组织各种各样的体育和文化展示(比如杜伊勒里宫的节庆,军队在儿童乐园的集会);还承担重大的国际性事业,比如营救比亚法拉(Biafra)①的儿童,在被自然灾害摧毁的区域设立医疗机构……甚至包括"营救"恩德培(Entebbe)②的一群人质。面对不安全的社会环境,在人类社会到处被描述和展示为犯罪的情况下,军队好像变成了一种保护性的力量,一座逃离破坏性事件的避难所。军队却仍然对"反军事主义者"信息的匮乏和给出的分析感到非常好笑,因为这不过是对其动态实力做出的静态分析。

对于发生在拉尔扎克(Larzac)的生态事件③和马勒维尔(Malville)的悲剧④,军方的回应是**德墨忒尔行动**(*Opération Déméter*),"得名自作为土地之人格化身的希腊神祇"。他们为什么要称之为"德墨忒尔"?他们为什么要把自己呈现为地球的占领者和主宰者?他们为什么要侵占并摧毁田地?——难道拉尔

106

---

① 比亚法拉(又译比夫拉)共和国,位于尼日利亚东南部,一个由分离主义者于1967—1970年建立的共和国。——译注

② 1976年6月27日,一架载客258人的法国喷气式飞机在位于乌干达恩德培的国际机场被"巴勒斯坦解放组织"成员劫持,最终,以色列军方和特工部门实施突袭行动,解救了被扣人质。——译注

③ 1971年10月,时任法国国防部部长米歇尔·德勃雷(Michel Debré,1912—1996)突然宣布征用位于阿韦龙省的拉尔扎克地区修建军营,遭到当地居民的反对。——译注

④ 1977年7月31日,法国克雷斯-马勒维尔地区的民众为抗议政府建立核反应设施而举行示威,警察向抗议人群投掷手榴弹,导致一人死亡、多人受伤。——译注

扎克行动这个不经意的事件让他们对自己的主要职能，即权力/侵袭的能力感到灰心？为什么偏偏在这个时候，"地球之友"与他们的星球失去了联系，甚至未曾表现出任何抵抗？无论如何，雅克·伊思纳①在 1977 年 9 月 9 日《世界报》上使用的措辞都让人困惑不解："在收获季结束、狩猎季开始之前，**地面部队在博斯**（Beauce）和佩尔什（Perche）地区集结，这是他们第一次在开阔地带组织实战演习，换言之，**远离公路和道路**，在一片两千平方公里的农田和草地上展开。"他们上演出这出"演习景观"，是为了**在军队和平民群体之间维护良好的邻里关系**。农民还记得去年大旱时军队给予的援助，他们似乎没怎么抱怨就接受了德墨忒尔……指挥第二机动大队的罗歇贡德少校（Colonel de Rochegonde）意识到"德墨忒尔女神与我们同在"。而另一位少校则说："我们不过是国家安全的**代理人**，因此，我们需要承担责任。""军队利用这些开阔地带展开演习，举例来说，是想对距其出发基地 50 公里的一个旅实施进攻性侦察，同时也在厄尔－卢瓦河地区开展一系列**公关**行动。"人们没法把速度专政狂限制在古拉格或集中营，在拉尔扎克同样也不行。

国防高等研究所花了六个月与广告专家合作，发起一场为期三年的宣传运动（花费为六千万法郎），目标是让公众对防御和保护的观念更加敏感，并且要动用一切信息手段来改变军队的声誉。（《世界报》，1975 年 5 月 9 日）

这样一来，共和国民主联盟（U.D.R.）议员，同时也是财政

---

① 雅克·伊思纳（Jacques Isnard, 1942—2020），法国律师，曾于 1994—2009 年期间担任国际司法工作者联盟（UIHJ）主席。——译注

委员会特别发言人的托伊勒①的担心也就不是毫无缘由的了,他在"1977—1982 年军事预算"中标出"缺乏资金使用的数据信息",因为**这种模糊**将让人无法领会国防政策的转变。军方坚持要重获行动的自主权,要重新把自己定义为**提供公共服务者,能够安全而有序地承担**最大数量甚至全部的内政和军事防御任务,同时增进与之平行的公共与工业事务。在此我们就会发现,共产主义者同盟(la Ligue Communiste)、统一社会党(P.S.U.)或民主工联(C.F.D.T.)以琐碎的需求的名义倡导的军事工团主义,最终是何等深入地变成了军队的社会化方案的一部分。更具启发意味的是,工团的第一个支部建立于 19 世纪的工程兵部队,由此表明,该部队从来都处在军事革命思想的最前沿!

　　巴尔扎克在 1830 年之后到访瓦格拉姆(Wagram)战役②的战场,**希望能对其社会分析加以扩充的他**,当时已经提出**历史性真实领地的问题**,由于媒介方式的进步(比如电报的使用),作为战略上演的剧场的这一领地,已经突然变为全球性的,内外部的事件因此可以几乎即时产生相互作用。对这一来自战场的时间限制做出的反应是新的"秘密警察"的出现,巴尔扎克视之为他所处时代最重要的社会革命,在这个时刻,在革命中"来自内部的军队"长期对平民百姓实施公然而血腥的镇压之后,军事暴力不再必然像士兵的军装那样从远处一望即知,而开始依赖监控和举报

---

　　① 乔尔・勒・托伊勒(Joël Le Theule, 1930—1980),法国政界人物。——译注

　　② 1809 年 7 月 5—6 日,拿破仑治下的法兰西第一帝国对战奥地利帝国,战役以奥地利求和、法方取胜告终。——译注

的精致体系。如我们所见,这些针对社会机体最初的渗透、秘密"入侵"有着精确的目标:利用武装力量榨取国家的原始潜力(工业、经济、人口、文化、科学、道德方面的能力)。自那时起,社会渗透就一直关联着军事渗透技术方面令人眼花缭乱的演进;车具的每次进步都会抹去军队和平民的差别。

法西斯主义在德语中将自身定义为 Ostkolonisation,也就是要推翻欧洲大陆既存的整个社会-政治系统,在其上建立一套殖民体制,这实际向我们揭示出速度专政型极权主义在大都会(métropoles)和殖民地(colonies)之间大规模的往复运动。这种运动在第一次世界大战期间前所未有的后勤活动中得以布局,它造就了 20 世纪 20 年代西方文明所独具的统一性,正如法国殖民事务部部长阿尔贝特·萨罗①在 1921 年所说:"把殖民地活动整合进国民生活,是解决人类进步会给后世带来的严重问题的一种方案。"要想理解速度专政型社会及其建立过程,读一读殖民地条约中的"黑人法规"(Le Code Noir),显然要比读其他任何社会学著作更有用。柯尔贝尔写道:"我们决不能在殖民地建立**持久的**文明……"将我们的殖民地维系至 1848 年的古代法律认为,黑人是**家具**——黑奴首先是一件**可移动的商品**,其法律存在只不过是其可移动/家具的属性及其所屈从的交通运输所具有的唯一功能。1914 年之后美国黑人爵士乐浪潮的狂热姿态已经表明,第一部美国有声电影将会把一位白人演员的脸涂黑并让他顺应这种属于

---

① 阿尔贝特·萨罗(Albert Sarraut, 1872—1962),法兰西第三共和国时期激进社会党政治家,因其积极的殖民政策而知名,曾两次出任总理。——译注

可移动的奴隶的节奏。这让我们想到这个国家今日的主导文化，也让我们想到詹姆斯·鲍德温①复杂的沉思："明天你们都将变成黑人!"事实上，从一开始，美国的体系中就不具备一种能对所发送信息的价值和传输这些信息所必须付出的努力加以衡量的公共尺度。相比信息的内容，其媒介化的方式在美国似乎才是最必要的东西，首先是就其与大都会欧洲、与作为其劳动力供应方的非洲的海运关系而言，其次是就其在巨大的领土上建立某种中央制的国家而言，要想统治这样的领土，就必须先渗透，然后通讯。109媒体在联邦那里是享有特权的工具，仅凭它们就能够控制美国式的泛人性所造成的社会混乱，它们保证了市民具有一定的凝聚力，从而也保障了市民自身安全。反而言之，正如作为其模范的古代殖民地，美式民主也绝不会真的想方设法将其多个种族、各种宗派整合进一个恒定的文明，变成一种真正以社群为导向的生活方式，因为正是隔离才使媒体系统拥有的霸权合法化，美国国家权威的本质也以此为基础。这也是古老的种族主义会在自由美国的**善良公民**之中存活至今的原因之一，我们同样还会注意到，美国内外部发生的重大动荡都直接联系着竞速性的事件，联系着渗透和传动的技术本身，从珍珠港事件中滞后的无线电信息到"水门事件"中的话筒或是肯尼迪遇刺——能列出一长串名单。《公民凯恩》(*Citizen Kane*)——美国公民文化(在后来的追溯中

---

① 詹姆斯·鲍德温(James Baldwin, 1924—1987)，美国小说家、散文家、戏剧家和社会评论家，二战后美国黑人文学的代表性作家之一，著有《土生子札记》《乔凡尼的房间》《另一个国家》《下一次将是烈火》《亚伯拉罕·林肯传》等。——译注

受洗变成了"流行文化")最为杰出的作品,所描绘的与其说是给
奥森·威尔斯充当模特的报业巨头威廉·赫斯特①,还不如说是
看不见的公民霍华德·休斯②。赫斯特还在发送信息,休斯则满
足于冷漠地思索,根本不管是谁在发送信息。仅休斯一个人就足
以对富勒③和麦克卢汉的全球化理论构成最激进的批评。这是个
彻底非社会化的人,他从地球上消失了,他因为害怕细菌而避免
与人接触,甚至对并不多的访客的呼吸都心存恐惧,但他思索的
却只有媒介,从航空工业到电影,从汽油到机场,从赌场到星系,
从简·拉塞尔④胸罩的款式到炸弹的设计,他的存在本身也是一
个例子。休斯只关心那些处于过渡中的东西。他的生涯从一种
运载工具跳向另一种,就像他所崇拜的美利坚民族的力量在两百
年来表现出的那样,没有别的东西能让他感兴趣。他刚刚死于开
阔的天空,在一架飞机里。

110 　　以同样的方式,美国的商业模式在 1914 年的欧洲大获全胜,
这得归功于战争中对那些未曾预料到的后勤维度的开发,合众国
将在欧陆赢得第一场汽油战争,它把法国市场纳入标准石油公司

---

① 威廉·伦道夫·赫斯特(William Randolph Hearst,1863—1951),美国
报业大亨,赫斯特集团(Hearst Cooperation)创始人。——译注

② 霍华德·休斯(Howard Hughes,1905—1976),美国企业家、飞行员、
电影制片人、导演、演员,1976 年 4 月 5 日,他在乘坐私人飞机从墨西哥去往
休斯顿的途中去世。——译注

③ 理查德·巴克敏斯特·富勒(Richard Buckminster Fuller,1895—
1983),美国哲学家、建筑师和发明家。——译注

④ 简·拉塞尔(Jane Russel,1921—2011),美国演员,曾出演《不法之徒》
《绅士爱美人》《铁汉娇娃》《危城勇将》等影片。——译注

(Standard Oil)手中,让只配备 400 辆油罐车的法方参战部队陷入绝境,而美国人则拥有 2 万多辆。再一次,市场并非由消费的对象所创造,而是被运送它的载具所催生。

和平一恢复,人们就看到美国从欧洲市场特别是从法国撤出这一有趣的现象,代理商无法有效地在这里倾销美国商品,"在广告宣传中犯下了重大的心理学错误"。简单点说,欧洲文化还是能成功地抵制美国的文化控制。我们将看到,极权主义政府也试图装配可与之匹敌的载体,却又经常过度纠缠于精英主义文化,并惯于赋予信息比载具更多的重要性,仅凭意识形态宣传,他们将很难获得美式爱国主义"捷径"所产生的那种完美的物流效率。后来经过总体战,也就是经历过对欧洲诸民族身份的大面积摧毁(总体战和殖民战争一样,其目标在于歼灭持存的文明)之后,我们见证了美国货物在欧洲的倾泻。但迄今为止,我们仍未对**自由轮**(*liberty-ship*)①带来的设备与物品之流进行过分析,我们不得不继续用美学、功能等意义去装填这个大型车辆的世界,装填亮闪闪的厨房中过剩的家用物品,恰好那里烹制的也只有三明治和罐装食品;装填这个由"不需要思考,并且让意识这个概念本身变得毫无价值的客观性"构成的景观,这种客观性通过其技术代码秘密渗入交换与通讯常用的载具整体,并直接作用于生产系统。

身体和灵魂的技术,因此在美国流行文化中变得令人奇怪地    111

---

① 二战期间,由于大量商船被德国潜艇击沉,美国开始批量生产制造周期短、造价便宜的标准化货轮来代替,并通过租借法案将一些自由轮提供给英国。——译注

复杂化了。如我们所见，没有灵魂的身体是由技术假肢协助的身体。而且对美国而言，最好还是不要忘记，"安抚"（confort）这个词源自古法语中的"协助"（assistance），出自关于那些在运动中被捕获、弃置道旁的身体的古老的动物寓言集。滥觞于 20 世纪 20 年代的媒体的去中立化①，为所谓"针对国内市场的战争"铺平了道路，这是一场规模巨大的意识形态战役，它直接作用于它宣称要组装起来，甚至重新发明成"消费品无限容器"的家庭拼图板，并很快将变成针对美国公民的名副其实的动物式驯化。值得注意的是，美国政府并不觉得有必要在其领土内建立起真正的福利保障体系。它在那时坚信，通过**身体协助技术**，比如从家用机器人到公司专职精神分析师再到最新型的汽车，对一种家长制的、人道主义的**安抚**型文明的推广将完美地替代社会救助。与之类似，这个国家如今已发展出对于法西斯式未来主义的那种仿生体的浪漫趣味，其中人体的一些器官已被技术性移植体所取代，使得这些外科学的新英雄们足以完成超人的壮举。然而，继安抚的政治而来的却是关于**社会地位**的政治，所有人都突然发现，自己正遭遇来自周围人的控制，被拿来跟理想的美国消费者的嫌犯肖像加以比对，后者是公民责任感的典范，其姿势、习惯和对生活的态度，从此将会马不停蹄地通过无线电、媒体、电视和电影广播出去，充斥于各种广告位。在政治方面，这就是麦卡锡主义时期，一个罗织黑名单、一个围猎反美"巫师"、一个审判艺术家和知识分子的时代，这些人在 1975 年再度遭到三边委员会的指责，因其有

112

---

① 流行文化原型（proto-pop）与欧洲文化。克里维利（D. Crivelli）：《危机的终结》（*La fin de la crise*），博萨尔（Bossard）出版社，1932。

能力组建起不固定且无法恢复的边缘而被视作民主的威胁。

事实上,美国式的(社会)安全恰恰暗示出其人口在文化上的欠发达。特别值得注意的是,民主的现代美国就自我吹嘘为建立在**沉默的大多数**之上,以这样的方式,美国人的沉默已经变得和俄国人一样令人压抑。

渗透和攻击的速度所构成的等级制就像叠化效果那样,它既塑造又抹除无产阶级的幽灵。这是一种突变,它开始于在惯例支配下显得极为清晰的社会分配,随即又在马克思和恩格斯相对而言更为模糊的审视下得以继续,即便是在工业无产阶级储量丰富的 19 世纪英国,他们也没能认清劳工那神话般的形象。恩格斯找不到**他的标本**,找不到他的历史进化论中的尼安德特人……① 直到 1848 年 6 月,这一形象才终于成型,那是在巴黎街头,在一座"作战军队和参加莱比锡民族之战的军队一样多"②的内战的剧院中,有三万到四万工人被抛入了战斗。正如工人无产阶级化的革命进程诞生自人众的战争与运动,关于"形而上的开辟者"(《圣经》中关于人的痛苦的最初写照,他受到神的诅咒,反过来又实施诅咒与杀戮,以取代神的创世工作)的神话,本身也是在工业

113

---

① "然而我已经能够想象,这种绝对必要的历史演进在特定的条件下会变成**倒退**,并把人**变得**还不如野蛮人……"恩格斯:《新莱茵报》(*La nouvelle gazette rhénane*)。

② 恩格斯:《6 月 23 日》,《马克思恩格斯全集》第 5 卷,第 138 页。"莱比锡民族之战"指的是 1813 年 10 月 16—19 日的莱比锡会战,参加这个战役的有俄国、普鲁士、奥地利和瑞典的军队,结果是联军获胜,拿破仑的军队败北。——译注

化战争的巨大战场上得以**成型**。举例来说,和与他同时代的大多数人一样,德日进就相信战争是促成技术进步的基本因素之一,然而在这"难以忘怀的前线体验"当中突然击中他的——他在1917 年写道——却是"未完成的人"这一想法;到1945 年总体战临近尾声时,他写下的则是:"战争是**涉及人类起源问题的有机现象**,基督教无法压抑这一事实,比它无法废除死亡更甚。"他借用塔西佗之口对即将以"陈腐之外壳,千篇一律之面纱"(《怀念前线》[ La nostalgie du front],1917)覆盖全球的世界和平发出谴责。"有某种东西像一束光一样消失在大地上。"在战争的准备往往需要数月甚至数年,而决定性的攻击则可能只持续一小时甚至几分钟的情况下,复员对于"黄色巡游"①(一部关于汽车竞赛的史诗)的参与者而言,就相当于反革命阵型变换中的**固定**。施加于投身历史动能的身体的革命-进化式凝视,仍然保留了古代的将军、显赫的暴君和苏丹那种致命的同性恋情结,后者会强迫那些"注定不会挨打但却乐于去看的强壮士兵"②无休止地重复其军事演习。所有人都被一种放肆的欲望抓住,其对象是无产者/士兵顺从的肉体,这是由"盲目服从监工驱使的可移动机器"(巴贝夫)构成

---

① 1931—1932 年间,安德烈·索瓦热(André Sauvage)受法国雪铁龙汽车公司赞助,从黎巴嫩的贝鲁特出发,一路驾车探险,经丝绸之路穿越中国,最后到达越南。此行拍摄的影像资料后经莱昂·波瓦利埃(Léon Poirier)剪辑成纪录片《黄色巡游》,于1934 年在巴黎上映。——译注

② 参见吉斯兰·德·布斯贝克大使致查理五世的书信。

[吉斯兰·德·布斯贝克(Ghislain de Busbecq,1522—1590),作家、药师、外交家,曾在苏莱曼一世当政时担任奥地利驻奥斯曼帝国大使。查理五世(Charles Quint,1500—1558),神圣罗马帝国皇帝,西班牙国王。——译注]

的强大群体。军事劳动力不再局限于出卖自身,而是把自己献给了战争承包商,对后者而言,他们就像女人和坐骑之于战斗中的骑士:他们帮助他前进,死在他身下或导致他的死亡。要是没有布西发拉斯①的脾气,亚历山大大帝就什么也不是;理查三世在博斯沃思(Bosworth)同时失去了他的马、他的性命,还有他的王国……先是军事无产阶级,然后是工人,运动不止、数量无限并且能从自身之中大量繁殖,在时空中运送驾驭他们的历史向导,而指挥他们、引发他们运动的向导,同时也是战争的首领:列宁、托洛茨基、斯大林……工人的革命者形象与其说是由工业系统,不如说是由军事系统所绘制;简言之,它填充了缓慢战争和快速战争之间的动力学差距。系统化恐怖主义战争的使徒、虚无主义者涅恰耶夫②所谓"全速前进冲出泥沼"并非一种修辞性的说法,而是一项严肃的技术提议——通过加快进攻节奏来补偿毁灭性攻击因必须短促而造成的扭曲。于是,历史的进化就由字面意义上的**内燃机**(*moteur à explosions*,直译为"用于制造爆炸的发动机")的运动**所维系**。

　　德国法西斯有着同样的关切,这在海德格尔那里变成了"全面动员"(die totale Mobil-Machung),变成了"权力意志的最后阶段和技术本质的实现:虚无主义",无产者/士兵可以在非战争情

----

① 传说中亚历山大大帝的坐骑,以体格雄壮、脾性刚烈闻名。——译注

② 谢尔盖·根纳季耶维奇·涅恰耶夫(Sergey Gennadiyevich Nechayev, 1847—1882),俄国革命家,宣扬无政府主义和虚无主义,被视为现代政治恐怖主义的鼻祖,著有《革命者教义问答》。陀思妥耶夫斯基的小说《群魔》中的人物彼得·韦尔霍文斯基即以他为原型。——译注

况下继续他的革命任务——攻击，而如今攻击已经变成对自然的侵犯，这是对世界的全面摧毁（巴枯宁），也是一些大型地缘政治操练的场地，它把土地奉献给战争，又对"形而上的开辟者"保留其**可见的外观**，或是通过训练让他掌握这种外观。在实践中，这一过程先是以针对德国失业者的一种人道主义援助的形式开始，随后是海德格尔号召知识分子们从事的"包括劳动、知识和武装在内"的志愿服务，而当 1926 年集中营迎来最初的志愿者并以可能是最为激动人心的形式混合了工人、农民和学生时，它更是成为集中营的历史上最具典范性的进展。但在整个西方世界到处都因其对人力的迫切需求而感到焦虑的时刻，这一切倒有可能显得极其大度。工业化战争那难以餍足的需求，如今还没过多少年就已被抛至脑后，它将众多人口投入劳动，同时又用准军事化的国家官僚机构对其进行驯养，这在当时遍及欧洲、大西洋彼岸和海外（此外，早在两次大战期间，位于日内瓦的国际劳工组织就一直在处理全世界的劳动力问题）；对于美国式的那种"强力推进"，殖民地的反应则是惩罚性的劳动组织 S.M.O.T.I.G①……而在保加利亚，比如说，平民劳动从 1920 年以后就变成了强制性的，平民不分男女，都受一个附属于公共就业部的办公室管辖。但这些劳务接受者参与的基本上都是由战争部门主持的建筑项目：战略公路、铁路、机场、工厂。最终看来，法西斯的方案同样不过是以一种妥协的方式介入了贵族、军事阶层和资产阶级长久存在于国

———————————

① "Service de la Main-d'Oeuvre des Travaux d'Interet General" 的缩写形式，指的是马达加斯加总督马塞尔·奥利维耶（Marcel Olivier）于 1926 年开始在当地采取的强制劳动制度。——译注

家内部的冲突及其对无产阶级展开的争夺。

在德国,劳务于1928年变成了义务,试图逃避者将成为被嘲笑、被社会排斥或被告发的对象,就像之前战时的逃兵或拒绝上前线者。到了1934年,全面标准化的劳动营变成了拘留营,它们即将被转化成集中营、死亡营,在普遍的冷漠中,甚至没人会多费心思去移除营地拱楣上原来的铭辞:"劳动带来自由。"由此至彼的滑动其实相当自然;无产阶级工人的血肉之躯与无产阶级士兵并无差别,就如克劳塞维茨所写:"对士兵的开发利用和开采别的矿山是一样的。"

就共产主义国家那边来说,在它提出"全面动员"的那一刻,就公开实现了德日进的心愿:较之资产阶级的消灭,这更多地意味着生产性无产阶级的消失。而在法国,士兵越来越频繁地被要求穿着粗布工装,也就是体力劳动者的服装,甚至包括在列队检阅的时候。

**一切伟大都存在于进攻之中!**——这是对柏拉图思想不准确的翻译,还是对美国式强力推进的发挥?① 法西斯主义只有在它试图全面实施速度专政的时候才会变成极权主义。所谓"生存空间",只不过意味着欧洲地理消失了,变成了一块空地、一片缺乏品质的荒漠,它会助长一种"社会性"组织的扩张,而这种组织已经被速度的等级彻底变成了功能性的,也恰恰是这种等级把国家社会主义送上了柏林的街道,随后又凭借着总体战返回了其精

---

① "一切伟大的事业都存在于冒险之中。"海德格尔在总体战前夕改写了这一格言,作为一种翻译,并不显得特别不妥:"一切伟大都存在于进攻之中。"

英主义的文化源头。从源头处起,纳粹的宣传就乐于展示崇拜自然的金发雅利安人那种属于攻击者(l'Homme d'Assaut)的美好身体。柏林体育场的奥林匹克庆典所展示的,正是以渗透的速度为依据建立的身体的等级。运动员的身体是军事训练式的,本身就是抛射物或者抛射器,由速度或距离的纪录带来的刺激同样也属于攻击。这一**针对时间和空间的倒计时**,也即运动性能的原则本身,只不过是朝向其"绝对伟大"奔跑的戏剧化表现,也是那种以呈几何形的缓慢行军开始,随后越来越用力地加速,最终要把自己交给冲刺的身体的戏剧化表现。

凭借总体战,"全面动员"才展现出它完整的意味,无产者/士兵洋洋得意的身体——按照英国的古老说法,就像那些在无限辽阔的草原和荒漠上全速冲刺的德国士兵,这种优等的存在拥有"流离失所的壮丽"——和勉力承担物流任务的无产者/工人的身体,已经不具备共同的社会尺度。这是一群被淘汰、被软禁、被关禁闭、被转运至集中营者和残疾者以及形迹可疑者等组成的乌合之众。

对那些从体育中创纪录直接转入绝对战争的意大利法西斯来说,速度-身体让他们彻底陶醉,这就是墨索里尼的"轰炸机诗歌";跟邓南遮一样,马里内蒂也认为"浪荡子-战士"是"唯一能动的主体,他们能在战争中品尝人类梦想的金属身体所具有的威力并得以**幸存**",他们配备的技术材料与古代战争精英们曾经使用的新陈代谢载具——马匹——相比,并不显得更加累赘:海面之下具有贵族气质的蛙人正驾驶快艇或"鱼雷",寻找英国的舰队。日本的神风敢死队以焰火为典范,通过自愿与其载具-武器一同碎裂,最终将在空中实现军事精英们的协同之梦,因为速度-身体的终极隐喻正是它在爆炸之焰中的最终消失。在纳粹对**人**

道犯下的罪行被揭露之后,很多人都担心**目睹法西斯的重生**。无论如何,法西斯主义从未死去,它也就不会重生,至少不会是以施虐博物馆和商业贸易逸闻琐事的形式,而更是因为这同一个名称所代表的西方文化、政治与社会革命,在速度专政中要比通过航海帝国或殖民机构实现得更为充分。

法西斯主义还活着,因为总体战和随后的全面和平已经将大型国家机体(军队、生产力)的员工纳入了一个空间−时间进程,也就是康德式的世界中那种历史性的宇宙,这已经不再是一个关于(编年式)时间或(地理学)空间内的历史性的问题,而是在什么样的空间−时间中的问题。

在近期的一篇文章中,我提出有必要重新审视我们**关于历史的物理概念**[①],并最终接纳它的变化: 118

> ……简而言之,由战争的这种可传导性构成的东西,也就是人们在时间和空间之中大声说出并且能通过重复施加于敌手的连贯方案,它绝非对历史进行总体性表达的语言工具,而是这种语言的起源,欧洲国家以及整个世界朝着战争的绝对本质(速度)发起的共同努力,因此也就具有让西方的军事智能对普遍历史拥有绝对权力这层意义。从而,纯粹历史也就不过是对区域性纯粹战略优势的一种翻译,它的力量在于超过和宣告终结,而历史学家则不过是**时间之战中的一名军官**罢了。

---

① 维利里奥:《纯粹的战争》("La guerre pure"),《批判》(*Critique*),1975年10月。

# 四、对安全的消费

> 安全不可被划分。
>
> ——米歇尔·波尼亚托夫斯基①,1976 年 3 月 4 日

总统科斯塔·戈麦斯②在葡萄牙事件发生之初宣称:"革命比人民走得更快。"

这样的事情何以成为可能? 原因仅仅在于,归根结底,西方所谓革命从来都不是由人民,而是由军事组织发动的。经济自由主义不过是渗透速度形成的秩序自发的多元主义而已;针对围城内资产阶级的笨重模型,以及马克思主义强大动员的单一方案(公开有计划地控制物品、人员和观念的运动),西方长久以来都

---

① 米歇尔·波尼亚托夫斯基( Michel Poniatowski,1922—2002),法国政治家,在瓦勒里·吉斯卡尔·德斯坦担任法国总统期间就职于卫生部、内政部。——译注

② 弗朗西斯科·达·科斯塔·戈麦斯( Francisco da Costa Gomes,1914—2001),葡萄牙军人、政治家,曾任三军总参谋长,1974 年"康乃馨革命"后曾出任总统。——译注

是以其物流等级体系的多样化来对抗的,由此就构成了一个将国家财富投资于汽车、旅行、电影和表演的乌托邦……这样的资本主义已经变成由喷气飞机和即时通讯的银行所支撑,那其实不过是从属于冷战战略的一种**社会幻觉**罢了。我们可别上当,不管你是辍学者、垮掉的一代、汽车司机、移民劳工、游客、奥运冠军还是旅行社职员,军事-工业速度专政狂知道怎么样把一切社会类别都不加区分地变成**速度骑士团中的无名士兵**,而从行人到火箭、从代谢到技术的速度本身的等级则日益被国家(参谋部)所控制。在 20 世纪 60 年代,要是一个美国富人想证明他的社会成就,他不会买"最大的美国车",而是会买一辆"欧洲小车",后者速度更快,而且发动机不限马力。获得成就,就意味着有能力取得更快的速度,并拥有逃避了公民培训所产生的一致性的印记。但在总体战的情况下,在严格意义上已经不会再有对外和外部战争,正如费城市长在美国一个盛夏时节的酷热中恰当地表述的那样:"如今,前线已经推进到了城市的内部。"无论是公路还是街道,一切都已成为前线荒漠的唯一坡面的组成部分,而在 1977 年的这个夏天,柏林墙受益于矿物材料和视听系统方面的最新改进,这次才真的被修平了!继贝尔法斯特之后,贝鲁特向我们展示出,古老的公社城邦如何在巴勒斯坦移民的冲击下被摧垮,它们所经历的不再是古老的围城状态,而是一种没有目标的永久性紧急状态。一个人要想在城市里存活下来,就必须保持每天都能通过无线电获取关于周边地区在战略中所处位置的信息,每个人都把自己的汽车改装成一辆攻击型载具,随车装载武器以保障运动自由。不仅暴力对穿着不同制服的人而言并无二致,参战者们本身也都蒙着脸,像是一群打劫的人,要是遇见邻居或社会中的搭档,

120

他们可不想被认出来,就像是回到了土著战士的状态,在进行"自发战斗",这是在武装装备方面对大众所具有的某种技术性落后的弥补,也是与去都市化同步展开的、对市民实施的信息封锁的新进展。当美国政府拒绝对处于危机当中的纽约施以援手,医院和学校被迫关闭、社会补助被削减、城市无人清扫的时候,这就意味着城市溶解于其自身的郊区,也意味着市民的恐惧在未来将由人民自我管理……人民战争(la guerre populaire)极大地促进了战场上的各种生存手段向一种存在方式的转变。现代国家在新的物流革命中也套用了这个公式:当摩洛哥国王在 1975 年秋天决定收回西属撒哈拉的时候,他并没有派军队,而是派出了"和平游行队",从城市中挑选出一群处境悲惨的个体,让他们手无寸铁地在沙漠里的摩洛哥装甲车前排成一列……归根到底,就当地而言,这看起来就好像是说,它从今往后更多地成了一个关于如何处理平民之间,而非军人之间的生态事件的问题。随着巴勒斯坦问题的发展,人民战争突然变成了一种世界性的状态;事实上,那种通过扩散的方式拥抱尽可能广阔的领地来逃避军事镇压的核心力量的策略,对他们来说可能没有意义,因为促使他们斗争的原因正是地理区域的被剥夺。因此他们才不失时机地直接在国际机场这一时间性区域中定居下来;新的无名的参战者,他们不知道来自哪里,也不再寻求一处战略区域,**他们将在战略时间、在交通所耗时间的相对性中发起战斗**。既然归根到底没有一条道路是非战略性的,从这一时刻起,也就不存在一种真正的民用航空。所以也就不难理解,美国的超音速飞行器或者更近一些的协和式飞机为什么成了被禁止并引发激烈争论的东西,它们优异的性能等于是在核对峙的载具上复制了 20 世纪 20 年代发生在资产阶级城市街道上的汽车攻击现象,这在军事上是难以忍受的事情。

1976 年 3 月 4 日,时任法国内政部部长的米歇尔·波尼亚托夫斯基宣称:"安全不可被划分!"但要更准确的话,他本该说:从今往后,安全将不再能被划分。正如时任法国总统吉斯卡尔·德斯坦三个月后在军事学院发表的演讲中所说:"除了保障安全的最高手段,我们还需要某种安全方法的在场,也就是说,**需要围绕这种对安全的需求来组织社会机构**。"8 月 25 日,法国海外领土部部长奥利维耶·斯蒂恩①在内阁会议上说:"因受苏弗里耶尔火山喷发的威胁而导致的巴斯特尔(Basse-Terre)岛居民的疏散,**表明了自由社会中自发行动的诸多可能性**。"如我们随后所见,这类事件中的市政与社会保障已经不再与灾难同时发生,它先于灾难,如果需要的话,还会发明出灾难。②

事实上,政府对安全需求刻意的区域化操纵,就核战略的进展——拥核国家所实行的新的孤立主义,以美国为例,已经彻底更新了政治战略——如今向民主政体提出的全新问题而言,是一个总体性的完美解答。他们试图通过一种新的一致需求重新构造**联邦**,就像大众媒体幻影一般地创造出对汽车、冰箱等的需求那样。我们将目睹一种普遍的不安全感被创造出来,这种感觉又将导向一种新型的消费——对保护的消费,它将逐渐占据首要地位并成为**整个商业体系的终点**。从根本上看,这也印证了雷蒙·

---

① 奥利维耶·斯蒂恩(Olivier Stirn,1936— ),法国政治家。——译注

② 部长先生还在 1976 年 11 月 20 日高兴地宣布:"苏弗里耶尔(火山喷发)已经结束了!"据媒体报道,尽管这是一次"流产了的喷发",尚未达到最终的平衡,但截至 10 月中旬已经花费了两亿法郎的资金。

阿隆最近的说法，他指责自由社会已经乐观得太久了！对安全需求永无止境的促进已经为公民绘制了一幅嫌犯画像，他不再是通过消费而让国家变得富有的人，而是首先投资于安全、尽最大可能实现自我保护、最终付出更多以求消费更少的人。这一切并不像表面上那么矛盾，资本主义社会向来都把政治与免于恐惧的自由、社会安全与社会消费及舒适紧密地连在一起。但如我们所见，这种强制运动的另一面就是协助，因为正是有了战争的运动，无能的身体之无用性才借助对军事劳工的需求而在社会层面取得一致。如果说《凡尔赛和约》关乎协助，那是因为国防的必然性要求它必须如此，它从此之后还将一种有计划的社会行动作为共同防御的一部分加诸国家之上。正如吉尔伯特·穆里①提到的那样，真正的社会工作者最初并不中立，因为他们来自像拉·罗克②上校所领导的法国社会党这样的地方。最好还能回想起以下事实：新的"社会安全"在大不列颠的推动者（比如贝弗里奇③爵士在 1942 年）是把它当成总体战的目标之一来看待的。不仅如此，它在欧洲大陆上还将遭遇跟来自法西斯主义者和贝当主义者群体的想法相差无几的运动，比如国民救济运动。有意思的是，我

①　吉尔伯特·穆里（Gilbert Mury, 1920—1975），法国哲学家、政治家、法国共产党员，著有《马克思主义者能理解帕斯卡吗?》《阿尔巴尼亚，新人的土地》《街头的年轻人》等。——译注

②　弗朗索瓦·德·拉·罗克（François de La Rocque, 1885—1946），1930—1936 年间担任法国右翼团体"火十字"的领导人，后将该团体改组为民族主义政党法国社会党。——译注

③　威廉·贝弗里奇（William Beveridge, 1879—1963），英国经济学家、社会问题和失业问题专家，曾倡议向全体英国公民提供社会保障。——译注

们注意到，一些参与告密的法西斯分子也报名加入了这些运动，他们之前曾忙于对公民的监管和镇压，这下被整编成了实施社会援助的新人手，有点像是今天人们会对以前犯过法的囚犯们的经验加以利用。这是因为，这些标准化技术人员的活动与国家行政管理的霸权性目标，以及会根据机会采取自我增殖和变形的"社会工作者"的任务是不可分割的。此时此地被认作导师、教育者或团队领袖的人，在别处就会履行其他职责：在去殖民化过程中，"土著事务"变成了"社会事务"，葡萄牙殖民地的军队在其本国成立了一个"社会交流部"；至于皮诺切特将军，他可没有咬文嚼字的习惯，他干脆在智利设立了一个"平民事务部"！

　　几年前，当法国处在全面经济繁荣时期，社会工作者们宣称："我们和其他人一样是工人，因为我们修理社会生产机制。"1968年之后，他们变得没那么乐观了，"社会工作者强烈感觉到社会工作这一概念过于含混，对于它可能造成的误解颇为敏感"。事实上，在以幸存为尚的新经济中，问题的关键已经不在于如何融入一个富足社会（或多或少会变得徒劳）。贝林格先生[①]1977年1月如此说道："我们希望厉行俭朴，以改变体系并创造出**一种新的发展模式**。"但令人奇怪的是，他立刻就提到了交通系统，"通过城市的重新组织对私有汽车的神话加以修正。**交通问题的解决方案应该通过改变商业的本性引发对国家机制的激进改造**"。这样一来，移动的大众所具有的车辆式的力量到处遭到抑制和缩减，

124

---

　　① 恩里克·贝林格（Enrico Berlinguer, 1922—1984），政治家和马克思主义理论家，曾任意大利共产党总书记（1972—1984），著有言论集《共产党问题》《意大利共产党人的国际政策》等。——译注

从针对速度和燃料的限制到简单而纯粹地压制私家车,汽车的神话被判与工人的神话一起消失,而后者正是物流式国家最主要的历史代理人。如我们所知,恩里克·贝林格所呼唤的那种厉行简朴,即便在意大利共产党内部,也已经引发了灾难性的反弹,甚至在很多方面被比作斯巴达式政体。但无疑,要是仅仅针对吕库古体系晚期的情形,这种说法将会显得更恰当。那时的社会因分裂而陷于混乱和沦丧,其社会成员数百年来所接受的训练只是发动攻击,当这一职业不再接纳他们的时候,他们就不知道该拿自己的存在来做些什么了。要是你拿走西方人的汽车和摩托车,他还剩什么可做? 否则,理学硕士布洛克①的预言就将变成现实,后者曾在 1897 年宣称:"战争已经变成一种僵局,任何一方都无法占据上风,军队只能保持针锋相对,不断向对方发出威胁,但却无法实施决定性的打击。这就是未来:没有战斗,只有饥荒;没有杀戮,只有各个国家的破产和一切社会体系的崩溃。"在一个社会整体中,要是它那不稳定的平衡受到任何考虑不周的举措的威胁,安全也就意味着运动的缺失,无产阶级化的进程则将从对意志的压制延伸到身体动作层面,停工失业现象的增加最明显不过地证明了这一景象。人们重新安排社会工作,聚焦于身心残障者的表

---

① 扬·戈特里布·布洛克(Jan Gotlib Bloch, 1836—1902),出生于波兰的犹太人,曾在柏林大学学习,后移居彼得堡,参与沙皇俄国的铁路开发建设,创办了多家银行、信贷和保险公司,出版过关于铁路、金融、现代工业化战争的著作,如《未来的战争及其技术、经济和政治关系》(1898)等。他以和平主义者的立场知名于欧洲,也曾投身于犹太复国主义运动。——译注

现和在残奥会上创造的纪录，促成了一种新的信念，即身体之无能于运动算不得什么大不了的事情。但**再度让人感到奇怪**的是，这类**慈善**事业背后，总是能找到军队的身影。奥齐奥尔①修道院长是一位法国乡村牧师，他从无到有地创建了智障儿童服务中心，这些中心的创立是为了避免把他们送进精神病院。奥奇奥尔在回忆录中写道："访客听到我们说某个孩子'在军队里'，有时候会感到吃惊。这并不意味着我们不幸的小智障者被征去服役了。我们只是想通过这一举动表明，这些(服务中心的)建筑当时是军方财政部门拨给我们的，从那以后他们还给予我们很多其他的帮助。"正是马尔贝克(Malbec)将军，也就是这个国家军队财政部的部长本人，点破了这些中心那可怕的口号："从摇篮到坟墓!"但军队所做的也没什么两样……

对社会援助进行重新安排的目标在于，让残疾者重获功能性价值，以前的普鲁士国家在1914年就这么做了。当政府坚持向那些如辅警一般从事告发行为的公民支付报酬的时候，财政援助就表现为一种酬劳或一种工资。不可分割的安全会在经济体系通过支付可怜的退休金而将其排除在外的那些愤愤不平的老人身上识别出一种最后的无产者，一种专注的哨兵，他处在狂乱动荡的社会环境之中，却无法移动。人们开始在街道上遇到这种来自另一个世界的存在，这些上了年纪的人手腕上装配着一枚比手表大不了多少的电子报警器，与监听中心相连接。吉尔

126

----

① 吕西安·奥齐奥尔(Lucien Oziol, 1920—2004)，天主教神父，从1955年开始在法国多地设立智障儿童服务中心，著有回忆录《圣尼古拉的孩子》。——译注

伯特·科托①的"德尔塔 7 基金"（Fondation Delta 7）是这一社会行为的滥觞，它关照的对象很多，但同样还得有所倚恃，为了能脱离地面，它要求获得武装力量（特别是空军）的财政支持。它的受益者包括被轰炸致聋的越南儿童，他们获得了助听设备，或是给（普瓦蒂埃和巴黎的）老人提供的免费电话，配有接入警方中央电脑的报警系统。在这一操作平台后面，我们会发现社会援助办公室的全国联盟、卫生部以及内政部的身影。

到处都是为了年长公民的安全而发起的大规模运动的海报、各种视听剪辑，所有这些宣传就像警方发起的那些动员命令一样，被广泛散播到老年人的家庭、俱乐部、旅馆，而且一旦发出请求，就会被免费安装和张贴。

对其他社会阶层而言，对安全需求的操控采取了不同的形式。自古以来，贵金属和金本位就具有一种"避险价值"，是抚平焦虑的灵药，因此也是个体安全的象征符号，如我们所知，这种"保险"价值已经被自由地应用于大规模的交换系统。不过，目前针对将具有避险价值的黄金作为货币体系基本标准的质疑，非常类似于法国大革命之前不久发生的"法律银行"事件，该事件促成了"社会安全"的崩溃，而且在核对峙的现实处境中，我们还会发现，斯巴达国家之所以拒绝使用贵金属，乃非战之战（non-guerre）所造成的后果之一。（国家急于在国防领域充分利用人民的警惕性，因此剥夺个体自我保护的手段，而使之全面投入古斯巴达式

---

① 吉尔伯特·科托（Gilbert Cotteau, 1929— ），20 世纪 50 年代开始在法国创建"SOS 儿童村"救助孤儿，由他在 1973 年发起设立的"德尔塔 7 基金"将其服务内容和对象拓展到多个方面。——译注

的战争机器中去。)

　　生产的符码总是将自身视作"消费的无限容器",但后者却变 127
成了对整体安全的消费,对防御做出的反应的乌托邦式使用引导
我们对生产的美学和本质加以修正,企业改革的意义则与权力赋
予它的意义完全不同;这样一来,"品质并不差的无名产品"在市
场上出现却或多或少未被注意到,在我看来就是一个重大的现
象:有着大量需求的商品以节省的理由被打上了空白的包装,变
成了"无名",商家那种自吹自擂的商标则已消失不见。人们发起
大规模的反广告活动来推销它们;他们告诉我们说,这些是"自由
产品",换言之,它们不再依赖老旧而可疑的营销和招徕方法。从
此之后,排斥将比吸引卖得更好;社会存在也是以同样的原理围
绕着被保护对象组织起来的。如果公司接到消费者保护委员会
的要求,对其宣传广告做出修改,那是因为还有别的生产性力量
渴望在信息领域发展自己的宣传,比如前面提到过的国防高等研
究所(L'IHEDN)。**在国内市场的战争之后,就是军事市场的战**
**争**。这不再是一个通过消费/生产系统形成的民主联盟,而是一
个通过物品的体系达成的军事阶层的直接表决,或者更准确地
说,是武器装备在技术和工业方面取得的新进展。就像马里奥·
苏亚雷斯①在 1976 年 4 月的葡萄牙选举落选之后宣称的那样:
"我不需要通过政治来统治,我用士兵和专业人士完全可以胜
任。""军事社会主义"与其说诞生于 1976 年的秘鲁或葡萄牙,还
不如说它最早出现于 20 世纪 30 年代的柏林或 19 世纪的俾斯麦、

---

　　① 马里奥·苏亚雷斯(Mario Suares,1924—2017),葡萄牙政治家,葡萄
牙社会党领导人,三次出任总理,1986—1996 年担任总统。——译注

拿破仑三世和"帝国主义社会"时期;对政治资产阶级搭档的清除只不过是一种战略梦想的实现,这一梦想仅仅建立在科学技术推测的基础之上,即军事化的国家可以在没有军队的情况下存在(加洛瓦将军①所谓有生力量的最小化)。

在克劳塞维茨看来,政治国家已经是"**一种非传导性的介质,一道防止全面释放的障碍**"。在这样的一种表述中,军事阶层野心的本质获得了充分的揭示,核对峙的局势就是其喷发……"在波拿巴(国家的总司令/首脑)治下,战争被**一刻不停**地发动,随之而来的反击几乎得不到任何宽恕。这种现象难道不是自然且必然要求我们回到**战争的原始概念**并对其加以严密推演?"机动效率是国家机器的首要品质,而对处于竞速式进步之最后阶段的拥核国家来说,它借助其战略计算保证了这一概念的一贯性。面对这一终极战争机器并接受其检查的,是最后的军事无产阶级以及就此丧失了意志的共和国总统的身体,后者是一支消失了的军队的最高首领。总统的身体类似于古代腹背受敌的雇佣军,他最终的行动将仍然是攻击。

---

① 皮埃尔·玛丽·加洛瓦(Pierre Marie Gallois, 1911—2010),法国空军准将、地缘政治学家,法国核威慑策略的设计者之一。——译注

# 第四章

# 紧急状态

L'état d'urgence

兵之情主速。①　　　　　　　　　　　　　　　131

——孙子

距离的收缩已经变成一个带来难以计数的经济与政治后果的战略现实，因为它对应于对空间的否定。

过去由**放弃领土以赢得时间**构成的演习已经失去意义，目前，赢得时间是一件仅与载具有关的事情。领土已经失去它的重要性，让位于自动推进武器。**事实上，在战略价值方面，速度的非场所性已经绝对取代了场所**，占有时间的问题则使领土分布的问题面目一新。面对这一与阿尔弗雷德·魏格纳②所描述的陆地漂移运动不无相似之处的地理收缩，"火力-压制"③的二元结构呈现出新的意味：火力所具有的**摧毁力**与运动和车辆所具有的**渗透**　132
**力**之间的区分，将丧失其"有效性"。随着超音速载具（飞机、火

---

① 语出《孙子兵法·九地》："兵之情主速，乘人之不及，由不虞之道，攻其所不戒也。"——译注

② 阿尔弗雷德·魏格纳：《大陆和海洋的形成》（*La genèse des continents et des océans*），尼泽特与巴斯塔书社（Librairie Nizet et Bastard），1937。（法文版译自德文第五版）

〔阿尔弗雷德·魏格纳（Alfred Wegener，1880—1930），德国气象学家、地球物理学家，被称为"大陆漂移学说之父"。——译注〕

③ feu-mouvement，可逐字译作"火-移动"。——译注

箭、电波)的出现,渗透和摧毁混为一体,远距离行动的即时性意味着在敌手猝不及防的情况下将其击溃,但同样也意味着将整个世界当成一片场地、一段距离、一块材料加以击溃。

直接或正在变得直接的渗透将被等同于对环境条件的即时毁灭,因为面对载具性能(准确性、距离、速度)的加速提升,我们缺乏的先是**空间距离**,然后就是**时间距离**。

从此之后,**火力压制之二元结构的存在**,只是为了设计内爆和爆炸的双重运动,**内爆的力量**复活了老式亚音速载具(交通和抛射的各种手段)的渗透力,而**爆炸的力量**则复活了经典的分子式爆炸的毁灭力。在这一**既是爆炸又是内爆的悖反性目标**中,新的战争机器聚合起双重的消失:**物质在核裂变中的消失和场所被载具毁灭性清除的消失**。然而,我们应当注意到,物质的裂变因为和平共存的威慑性平衡而不断被推迟,但距离的消除却不会如此。在不到半个世纪时间内,地理空间随着速率上的进步而不断收缩,就好比 20 世纪 40 年代初我们还得以**海里**为单位计算军舰"打击力"——当时最主要的摧毁性力量——的速度,可到了 20 世纪 60 年代初,这一速率就得用**马赫**来衡量了,也就是达到每小时数千公里,高能方面的研究将有可能很快让我们拥有接近光速的激光武器。

如果像列宁宣称的那样,"战略就是对施力点的选择",那我们就不得不考虑到,既然我们能在最短时间内以误差不过几米的精确度**从任何一点到达另一点**……如今这些"点"也就已经不再是地缘战略意义上的那些支点。我们应该清楚地认识到,**地理"定位"似乎已经无可挽回地失去其战略价值**,这种价值反而被分配给了**载具的"去定位化"**,那是处在永恒运动中的载具,至于它是航空、太空、水下还是地下都不重要，真正起作用的只有移动的速度及其路径的不可探测性。

在机械化武装的运动战中，我们遭遇了**布朗运动的战略**，这是一种按时序展开的、钟摆式的战争，借助全球在地缘政治意义上的均质化，它更新了古代那种基于地理的人民战争。有人在19世纪末就已经预言了这种均质化，特别是英国人麦金德①的"世界岛"理论，他认为欧洲、亚洲和非洲构成了一个危及美洲的单一大陆，随着定位失去其价值，这一理论当前仍在继续。不过，我们应当注意到，地缘战略位置的趋同化并非载具性能变化的唯一后果，原因在于，紧随海洋和航空帝国主义追求并最终实现的均质化之后，**战略空间的微型化**已经成为当下时兴的规则。

沙桑将军②在1955年说："地球是圆的这一事实尚未从军事角度获得充分的研究。"自那之后，情况已有所改观……但就武器弹道方面取得的进展而言，地球的弯曲率在不停地消失，它已经不再是一块一块地聚合起来的大陆，而是随着军备"竞赛"的展开节奏逐渐缩小的整个星球。有趣的是，我们在同一时代的地球物理学家魏格纳的陆地漂移学说和麦金德的大陆地缘政治聚合学说中均能见到的那种对大陆迁移的理解，如今已经让位给一种大

---

① 哈尔福德·麦金德(Halford Mackinder, 1861—1947)，英国地理学家与地缘政治学家，著有《不列颠和不列颠海》《历史的地理枢纽》等。——译注

② 莱昂内尔－马克斯·沙桑(Lionel-Max Chassin, 1902—1970)，法国将军，曾在法属印度支那和阿尔及利亚等地担任军事官员，是法国发展核武器的支持者。——译注

地性、技术性的世界收缩现象，这种现象如今让我们进入了一个人工造就的拓扑学宇宙：**地球的每一块表面都将能面对面相遇**。

古代的城邦对决、民族之间的战争、航海帝国和大陆势力的永恒冲突全都突然消失，让位给一种前所未闻的对抗：**所有物质和所有地点的直接接触**。行星物质变成了"临界物质"，一种因接触时间的急剧缩减而产生的沉淀物，昨天还被距离缓冲所区分和分隔的地方和元素，如今因缓冲突然过时而造就出这样一种骇人的摩擦式对抗。在 1915 年出版的《大陆和海洋的形成》一书中，魏格纳写道，最初**地球只能拥有一个表面**，考虑到其内部连通的能力，这似乎是可能的，但是将来的地球却只会拥有唯一的界面（interface）……

如果速度由此表现为各种冲突与动乱所具有的风格产生出的根本性后果，那么当前的"军备竞赛"其实就是**用武器装备一场竞赛**，这场竞赛通向作为间距或者说作为战斗场地的世界末日。

"威慑"这个词指出了这种处境的含混之处，武器于此取代了盔甲的保护，攻击的可能性和攻势于此也只能靠自身来确保防御。整个防御针对的是战略武器的"爆炸"维度，但绝不针对载具性能的"内爆"维度，因为情况正好相反，要想维系可靠的"打击力"，就得不断提高引擎的马力，也即不断提升它们的能力，以便将地理空间缩减到无或接近于无。事实上，要是没有速度的暴力，武器的暴力就不会如此可怕；**在当前的语境中，裁军意味着首先要通过减速来化解这场通往终结的竞赛**。**任何条约，要是不限制这一竞赛的速度**（毁灭手段的传递速度）**，就更是无法限制战略性武器**，因为从今往后，战略的根本目标就在于维系战略手段普遍的离域所造成的无地性（non-lieu），仅凭这一条就仍然能赢得

分秒之隙,因此它对任何行动自由都不可或缺。正如富勒①将军
所述:"当战士们互相将标枪投向对方时,武器的初始速度仍然让
人足以目睹其运动轨迹,并且可以用盾牌抵挡其伤害,但当子弹
取代标枪之后,速度就变得如此之快,以至于不再可能加以抵
挡。"身体不能被挪出轨道,但却有可能借助比盾牌更大的战壕,
将其挪出武器的射程之外。换言之,通过空间和材料进行掩护,
也还是有可能的。如今,超音速攻击所导致的预警时间缩短,给
防护、确认和回应留下的时间极少,以至于在突袭发生的情况下,
最高当局必须冒险放弃自己的最高决策权,并授权给防卫系统最
低一级的梯队,以便立即发射反导导弹。两大超级政治强国因此
更倾向于暂时放弃反导防御来避免这种情形出现。

　　考虑到空间的匮乏,一种积极的防御就要求至少得有实施干
涉的物理时间。然而,将会在传递毁灭的手段的加速度之中消失
的,却恰好就是这些"战争物资",于是就只剩下一种被动的防御,
构成它的,与其说是用以对抗核武器巨大打击力的自我强化,还
不如说是一系列持续、不可预测、偏离常规的运动,至于其战略效
果……人们希望它至少能多撑一段时间。事实上,战争如今完全
依赖于时间与地点的反常,因此就像我们之前已经看到的那样,
由持续改进载具性能使之变得复杂化所构成的**技术性**演习,如今

①　约翰·弗雷德里克·查尔斯·富勒(John Frederick Charles Fuller,
1878—1966),英国少将,军事史学家、军事理论家,坦克和机械化战争理论的
创始人,著有《战争科学基础》《装甲战》《西方世界军事史》《战争指导》
等。——译注

已完全取代了基于地形的**战术性**演习。艾勒雷①将军在他的《军备史》(*Histoire de l'armement*)中也准确地阐明了这一点:**武器装备计划这个概念已成为战略的基本元素**。如果在古代战争的惯例中,我们还能讨论战场上的部队操演,那么在当前的事态中,即便这种操演仍然存在,它也不再需要有一个"战场",对瞬间(l'instant)的侵占接替了对领土的侵略,倒计时变成了对战的场所,成了最后的前线。

对战的阵营能够轻易地禁止细菌战、测地战或气象战。在现实中,关于"限制战略武器条约"(S.A.L.T. I)的协商中仍然存在争议的,已不再是爆炸物,而是载具,即**核释放的载具**;或者更准确地说,是它的性能。原因很简单:一旦分子或核爆炸的冲击把一块区域变得不适于生存,(核武器运载工具的)内爆造成的冲击就会突然将反应时间和政治决策时间缩减为零。如果说三十多年前的核爆炸完成了空间战的循环,那么在这个世纪末,(凌驾于政治经济上遭受侵略的区域之上的)内爆则开启了**时间之战**。在全面和平共处的情况下,未经任何形式的宣战,而且以比在任何形式的冲突中都更为确定的方式,速率将把我们从这个世界中拯救出来。我们应该面对事实,如今速度就是战争,最后的战争。

不过,还是让我们先回到1962年,回到古巴导弹危机这一关键时刻。在那个时期,两个超级大国还拥有十五**分钟**的战争预警时间。要是把俄国导弹装在卡斯特罗的岛上,就会威胁到美国,

---

① 夏尔勒·艾勒雷(Charles Ailleret, 1907—1968),法国陆军上将,曾任武装部队参谋长,参与指挥了法国第一次原子弹爆炸试验以及在阿尔及利亚的武装行动。——译注

将其预警时间缩短到三十**秒**,这对肯尼迪总统来说是无法接受的,无论他的断然拒绝将带来何种风险。我们都知道后来发生的事情:架设红色**直通**电话,两大国家首脑实现直接沟通!

十年后的 1972 年,当正常的预警时间减少到几分钟——弹道导弹十分钟,卫星武器只有两分钟——的时候,尼克松和勃列日涅夫在莫斯科签署了第一份限制战略武器条约。事实上,与其说这项条约的目标在于限制武器的数量(如其敌手或伙伴所宣称的那样),不如说是为了适当保存"人"特有的政治力量,因为速率的持续进步在日甚一日地产生着威胁,要把核武器的**预警时间缩短到致命的一分钟之内**,最终就将废除国家首脑思考和决策的权力,促成防御系统简单而纯粹的**自动化**,从而开战的决定将仅仅属于若干台战略性计算机程序。仅发射核导弹的潜艇就足以毁灭 500 座城市,**在拥有等同于总体战的毁灭能力的情况下**,借助战略计算器的反应,战争机器突然变成了战争的决定本身。那么,核威慑还有什么"政治"理由呢? 我们不妨回想一下 1962 年,核威慑的有效性就存在于那些促使戴高乐将军决定让全民通过普选的方式选出共和国总统的理由当中,全民公投的合法性恰恰是这种威慑的根本要素。在核威慑自动化、决策自动化的情况下,这一切是否还会继续存在?

从空间之战中的**围城状态**到时间之战中的**紧急状态**的过渡只花了几十年的时间,在此期间,政治家的政治时代被国家机器的非政治时代所取代。面对这一机制的降临,我们最好还是对这种远非暂时的现象保持警醒。在这个世纪的末尾,**有限世界的时间正走向终结**;我们生活在一个悖论式的、**行动微型化**的开端处,

有人更愿意用**自动化**来命名它。安德鲁·斯特莱顿①写道:

> 我们一般会认为自动化抑制了人类犯错的可能性。但事实上,它只是把这种可能性从行动阶段转移到了构想阶段。我们目前到达的是这样一个点:在飞机着陆时那关键性的几分钟里,要是自动导航的话,发生事故的可能性会比飞行员操控的情况下更小。我们或许会好奇,我们会不会到达核武器自动控制的阶段,那样的话错误发生的可能性就比由人决定时更小。但这样的进步却可能是一种威胁,它把人为介入系统的时间缩减为近乎于无。

高明的见解。时间的收缩,领土空间在设防城市和盔甲消失之后消失,都归结于这样一种处境:"之前"和"之后"这两个概念仅仅以一种致使"现在"消失于决定的即时性之中的战争的形式,分别指称着过去和未来。

这样一来,最后的权力将不是一种想象,而是一种预期,以至于统治将只**不过是**预见,模仿,并记住这些模仿;当下的"研究所"似乎就成了这最后的权力、一种乌托邦的模型。物理空间的丧失将导致时间对于统治的独占,在现存规模最大的载具即**国家载体**的各个维度中,负责为每个载体画草图的**时间部**最终将大显身

---

① 安德鲁·斯特莱顿(Andrew Stratton, 1918—1994),英国应用物理学家,克兰菲尔德大学航空学院教授,曾任英国武器研发与评估小组和防御作战分析部门的负责人。——译注

手,关于土地、地区划分的地理学的整个历史将让位于一种单一的**时间重组**、一种只有某种"气象学"才可与之相比的权力。在这一岌岌可危的虚构之物中,速度将突然变成一种宿命、进步的一种形式,换言之,变成一种"文明",在其中,每种速度都将变成时间的某个"部门"。

如麦金德所说,多种推力总是施加于同一方向。如今,正是这样一种单一的地缘政治方向促成了事物和地点的即时**更替**。战争不是如福煦①所说,将幻想寄托于化学爆炸物的未来,构成"一片火的工地";战争从来都是一个运动的工地,一个生产速度的工厂。**技术性突破**,运动战的最后形式,在核威慑的情况下将导致那种既能**分离**又能**辨识**的东西的解体,而这种无区分则对应着我们在政治上的盲视。我们可以通过戴高乐将军 1959 年 1 月 7 日颁布的法令来证实这一点,该法令抹除了和平时期和战争时期的区分。不仅如此,就在这同一时期,尽管越南的例外情况证明了这一规律,战争却已经从几年缩减到几天,甚至几个小时;20 世纪 60 年代发生了一场突变:**从战争时期向和平时期的战争的转变**,有人仍然会用"和平共存"来称呼这种**全面和平**。对毁灭手段传递速度的盲视并不意味着从地缘政治的奴役之下获得了解放,而意味着作为政治行动自由场所的空间遭到了消除。我们只需参考一下铁路、航空或高速公路基础设施中的强制性控制和约束,就不难见到这种致命的传动装置:速度越是提升,自由减少得

---

① 斐迪南·福煦(Ferdinand Foch,1851—1929),法国陆军统帅,军事家,在第一次世界大战中负责协调和指挥"协约国"联军,著有《战争原则》等。——译注

就越快，传动装置的自动化最终必然会导致自动化的自足。一旦
情势要求在现实时间①中采取行动，发生在赛车手身上的事情就
在政治层面获得了复制，对于他的动作可能造成的灾难而言，他
不过是个忧心忡忡的观望者罢了。

　　我们不妨举一个危机情境的例子："从 1967 年'六日战争'一
开始，约翰逊总统就控制了白宫，一只手指挥第六舰队，另一只手
掌控红色直线电话。当以色列向美国侦察舰**自由号**发起攻击，并
引发舰队中的一艘航空母舰干预的时候，约翰逊两手之间产生联
系的必要性就一目了然了。莫斯科跟华盛顿一样专注地监视着
雷达屏幕上的每一个光标：俄国人会不会把飞机航线的改变及其
聚集理解成一种侵略行为？这就是得用到红色直通电话的地方：
华盛顿立刻解释了这次行动的理由，莫斯科也就放心了。"（哈
维·惠勒②）

　　在这样一个发生在现实时间中的战略性政治行动的例子中，
国家首脑事实上是一名"伟大舵手"。人民的历史指路人所具有
的威望，让位给了更加平凡且相当乏味的"试飞员"，后者只是试
图在一个非常狭窄的边缘领地操演他的机器。这一"危机状态"
已经过去十年，军备竞赛则促使政治安全的边际更趋窄化，让我

---

　　① 就控制而言，这一时间的意义就在于，它是内在于感知、决策和干预
行动的时间场域的功能。

　　② 哈维·惠勒（Harvey Wheeler, 1918—2004），美国作家、政治学家，他
与尤金·伯迪克（Eugene Burdick）合著的小说《故障－安全》（*Fail-Safe*, 1962）
描述了世界陷入核战争的前景，后由西德尼·吕美特改编成电影《奇幻核子
战》（1964）。——译注

们更加接近一道关键的门槛，人类原有的政治行动在此将因"紧急状态"而消失；政客之间的电话交流也将中止，很可能会让位给电脑系统、现代战略计算机和因此而顺理成章的政治计算机之间的互联互通。(我们不妨回想一下，电脑最初的任务就是同时运行一系列复杂运算，其目标是让防空导弹的轨迹能够与飞机的轨迹相遇。)

在此，我们面对的是"两栖生殖"先天具备的元素的可怕混杂，各方极端接近，使得**即时信息**产生**即时危机**，理性力量的脆弱则只不过是行动的微型化产生的效果，后者则是作为行动场所的空间微型化的结果。

电脑键盘上一个难以觉察的举动，或是一名"劫机者"挥动一只缠满胶带的饼干盒，都可能会引发一系列不可思议的灾难性事件。我们过于一厢情愿地忽略了以下事实：相比不负责任者可能获得核爆炸物而造成的核扩散威胁，还存在着由载具促成的威胁的激增，它能有效地让那些拥核者变得不负责任。

在 20 世纪 40 年代初，从巴黎到边境走路需要六天，开车需要三个小时，坐飞机需要一个小时……如今，首都距它之外的任何一个地方都只有几分钟的路程，而这"任何一个地方"距其结束也只有几分钟，由此就产生了几年前还存在的一种趋势：把毁灭手段**推入**敌人领地这一进程(如古巴导弹危机)会发生逆转。当下的趋势是地理上脱离接触，一种应当归因于载体进步及其荷载加倍(可参考美国的"三叉戟"号潜艇，它所搭载的导弹能飞行8000—10000 公里，而"波塞冬"号上的只能飞 4000—5000 公里)的**后退**运动。

这样一来，不同的战略核力量（美国和苏联）已经不再需要对目标大陆上的区域进行巡逻，他们由此就能够撤退到他们的区域限制之内。这也是对他们正在放弃一种地缘政治式的冲突形式的确认，在互惠性地弃绝测地式战争之后，我们有可能会看到一些高级基地被抛弃，进而发展到美国竟放弃了对巴拿马运河的主权……这是时间的标志，时间之战的时间的记号。

然而，我们必须注意到，这一战略后退与传统军队那种"放弃阵地以争取时间"的**撤退**毫无共同之处。就射弹载具射程的扩展所造成的后退而言，**人们通过放弃（固定或移动的）前哨基地有效赢得了时间，但这一时间是以其自身力量赢得的**，是从其自身的引擎所表现出的性能中而非从敌人处赢得的，因为对称地来看，后者的发生将伴随着这一地缘战略的解体。**一切突然发生，就仿佛由于前进太快，每位主角所拥有的军火库都变成了他自己（内在）的敌人**。就像火器的后坐力一般，射弹性能的内爆运动缩小了战略力量的施展空间。事实上，如果敌手/伙伴不在延长其传递毁灭的手段的作用范围的同时撤回它，那么，这些手段已然加快的速度将把决定其用途的决策时间缩短，使之一无用处。正如在 1972 年的莫斯科，这场游戏的参与各方放弃了一些反导导弹计划，然而五年后他们为了洲际导弹的射程这一纯属临时的好处而放弃了迅捷带来的好处。双方似乎都害怕同时又都在追求速度带来的倍增效果，以及自革命以来对所有军队都弥足珍贵的**快速行动**。

限制战略武器条约在当下造成的这一令人好奇的**退化**，促使我们回到威慑原则本身。古代军队抛掷武器或是发射新式武器，其根本目标从来都不是杀死敌人或摧毁其武器，而是为了威慑他,即**迫使他中断其正在进行的运动**。无论这一物理运动是一种侵略还是会让被攻击者吸纳攻击者,"战争才能就是运动的才能"。一位中国战略家曾对此作如下表述:"如果一支军队能随心所欲地来来去去、扩张和收拢,那么它就能永葆强大。"( SE.MA. )①

然而,最近几年来,这种运动的自由却受到阻碍,阻碍它的不是敌人的抵抗或反应能力,而是所用载体的精细化。似乎是在突然之间,威慑从开火阶段也就是爆炸阶段转到了载体的运动,就好像核威慑的最终发展程度已经出现,却无法被全球战略游戏的选手们很好地掌握。在此,我们必须再一次回到兵器的战略与战术现实,以便领会当下的物流性现实。如孙子所说:"兵者不祥之器。"②它们作为**威胁**,早在被使用之前,最初是令人恐惧的。它们"不祥"的特征可以被分为三个方面:

1. 在它们被发明和生产出来的那一刻,其性能所构成的威胁;

143

2. 威胁要对敌人使用它们;

3. 使用它们所产生的后果,即杀死人员,摧毁其物品。

如果后面这两方面已很不幸地为人所知,并早已被付诸实践,那么对第一方面,也就是**这些发明（在物流方面）表现出的不**

① 引文节选自法国耶稣会士钱德明( Joseph-Marie Amiot, 1718—1793 )翻译的《司马法》五篇之第三篇"定爵",收于 1772 年在巴黎出版的《中国兵法》( *Art militaire des Chinois* ),对应原文为"轻车轻徒,弓矢固御,是谓大军。密静多内力,是谓固阵。因是进退,是谓多力"。见王震:《司马法集释》,中华书局,2018,第 109 页。——译注

② 应为老子的说法,语出《道德经》第 31 章:"兵者不祥之器,非君子之器,不得已而用之,恬淡为上。"——译注

祥，人们的认知还不那么普遍。然而，威慑的问题正是在这一层面被提出的：**我们能够威慑敌人，阻止他发明新的武器或完善其性能吗**？绝对不能。

于是我们发现自己面临两难境地：

威胁使用核武器（第二方面）阻遏了实际使用（第三方面）带来的恐怖，但要想保持这一威胁并保证威慑战略，我们就不得不对作为第一方面之特征的威胁体系加以发展：**传递毁灭的手段的新性能所展现出的不祥**。简言之，这就是通过技术突破、通过大型后勤演习实现的战斗手段的不断复杂化和对地缘战略突破的取代。我们必须面对以下事实：如果古代的兵器阻止我们中断运动，那么**新式的武器则阻止我们中断军备竞赛**。不仅如此，依照其技术性（竞速学）逻辑，人们所需要的还不是毁灭性机器**在数量上**的增长，因为它们的威力已经大为增加（只需对比一下二战期间的数百万台射弹装备和当下军火库中的数千枚导弹即可），而是其全球**性能**的指数型增长。凭借热核武器，毁灭能力已经到达可能性的极限，敌对双方的"后勤战略"再一次被导向渗透能力和使用过程中的灵活性。

因此，在战争的工业化阶段，恐怖的平衡就变成了一个纯粹的幻象，统治这一阶段的，是一种持久的不平衡性，一种抬高出价的行为，它能够永无止境地发明新的毁灭手段。反过来说，我们不仅没有能力完全毁掉那些我们已经生产出来的东西（军事工业产出的"废料"与核工业废料一样难以回收利用），而且更无法避免它们的展现所造成的威胁。

战争由此就从行动阶段转移到了概念阶段，这也就是我们所知的**自动化**的特征。在无法控制新的毁灭手段出现的情况下，威慑对我们而言就等同于安置一系列自动化、反应式的工业和科学程序，其中不存在任何政治选择。通过变身为"战略"，换言之，通过将攻击和防御结为一体，新式武器阻止我们中断军备竞赛的运动；而生产出它们的"物流战略"变成了一种宿命，即生产作为"非战之战"强制性因素的毁灭手段的宿命，在这一邪恶的循环中，生产的宿命取代了毁灭的宿命。战争机器如今不仅遍及所有战争，而且**成为敌对双方的首要敌人**，因为它剥夺了他们运动的自由。①在被不情愿地拖入威慑那毫无尊严的奴役之中的情况下，主人公们就会实践"更坏的政治"，或者更确切地说，"更坏的非政治"，这必会导致战争机器终有一天变成战争决策本身，从而完成它自足的完善过程——**威慑的自动化**。

　　威慑和自动化这两个词意味深长的并置，会让我们更好地理解当今军事-政治事件的结构轴，如惠勒所说："就技术的可能性而言，集权化已经成为政治的必需品。"这一警句让人想起圣鞠斯特的名言："如果人们能够被压迫，他们就一定会被压迫。"区别在于，当下这种科技-物流压迫不再仅仅关乎人民，而同样也涉及"决策者"。如果说，直到昨天，演习的自由（向来被等同于战争能力的那种运动的能力）还偶尔会要求权力的代表者充当二级梯队，那么毁灭传递手段的进步所导致的演习边际的缩减，就会进一步使得责任急剧集中于已然变身为孤立的决策者的国家首脑那里。这一收缩还远未结束，它将伴随军备竞赛，以载具所具备的新能力的速度持续下去，直到有一天它驱逐这最后的人。事实

145

---

　　① 核潜艇导弹发射器(S.N.L.E.)本身所配备的摧毁能力就相当于第二次世界大战中用到的所有爆炸物。

上，限制导弹数量的行动和将被剥夺了决策权的个体的意见缩减为零或接近于零的那种运动是同一回事；如今致力于放弃领土和尖端基地的操作，和在未来某天为了促成自动化这一政治场域的绝对微型化而弃绝由人做出的独立决定的那种操作，也是同一回事。

如果在腓特烈大帝的时代，"要取胜，就前进"的话，那么对威慑的支持者而言就变成了"要取胜，就后退"，离弃场地、人民和个体，以至于让竞速学式的进步看起来与喷气推进非常相似，这种推进是由于喷射了一定量的运动引起的，质量乘以速度的乘积，**与想要施压的方向刚好相反**。

东西方之间的这种**后退式战争**，其目前的展开方式倒不是虚妄的限制战略武器条约，而是**对战略本身进行限制**，热核爆炸的威力在其中充当着一道人工的地平线，它所开启的竞赛正日益增强载具内爆的威力。更多由于渗透力的进步不可中断，而非对敌人的**信德**(*un acte de foi*)，导致战略不再被当成**先验性的知识**。自动化不再是武器和手段独有的特征，甚至也成了指挥的特征，这就等于否认了理性思考能力：**别讲道理！**腓特烈大帝的命令因威慑而变得完善，这种威慑不仅导致行动和决策自由的缩减，而且还减少了概念的自由，军队系统的逻辑是尽可能地避开军事干部的管理，转而依赖于负责研究和开发的工程师，其愿景当然就是该系统的自足运行。

亚历山大·桑吉内蒂①在两年前写道："人们越来越不愿意制造攻击机，因为它们的每个零部件都要耗资数十亿旧法郎才能运

---

① 亚历山大·桑吉内蒂(Alexandre Sanguinetti, 1913—1980)，法国政治家，曾在退伍军人事务部、国防委员会等部门任职。——译注

载炸弹去摧毁一座乡间火车站,**这根本没法保证成本效益**。"这是一种务实性战争的逻辑,也就是说,运送战术核武器的需求,使得(航空)载具的运行成本随着摧毁力的提高而自动增加,不仅局限于攻击机,这也正在变成国家机器的逻辑。这种迟缓是毁灭的传递手段之生产在物流方面的后果,因此,**核武器及其武装系统所暗示的危险,就并不在于它会爆炸,而在于它存在着,并且正在人们头脑中发生内爆**。

让我们概述这种现象:

——两枚核弹中断了太平洋战争,而数十艘核潜艇则足以保证和平共存……

这是其**数字**方面。

——随着多弹头热核武器的出现以及战术核武器的快速发展,我们见证了爆炸物弹药的微型化……

这是其**体积**方面。

147

——减少海下和地下战略武器,从而清除地球表面那些笨重的防御设施之后,他们又通过缩小动荡地区和前哨基地,否定了世界的辽阔……

这是其**地理**方面。

——旧日的战争首领,负责作战的战略家和将军们会发现自己遭到降级,其职责仅限于维持运转,仅仅为了国家首脑一人的利益……

这是其**政治**方面。

但是在数量和质量方面的这种短缺并未停止。时间本身也不够用了：

——经过不断地提升，载具近乎超音速的能力又将被高能物质所取代，使得我们能够接近光速……

这是其**空间-时间**方面。

继国家的政治相对性充当绝缘介质的时期之后，我们将面临相对论政治的无时间性。克劳塞维茨所忧惧的**全面释放**，已伴随紧急状态的出现而降临。速度的暴力已经既是场地也是法则；既是世界的命运，也是它的终点。

1977 年 9 月

# 附　录

## 英文版导言：
## 可居于流通的后勤学①

本杰明·布拉顿

要不是因为战争,我会成为一名出色的建筑师。
——艾哈迈德·沙阿·马苏德②

保罗·维利里奥式的现代性关乎后勤。它处理的不是战争本身,而是所有使之成为可能的东西。无论战时还是和平时期,后勤学所涉及的,都是将国家的潜能转向武装力量,以便为战争做好准备的问题。③ 现代性的世界处于动态之中,这表现为战

---

① 本文是本杰明·布拉顿(Benjamin Bratton)为《速度与政治》一书英文版(马克·波利佐蒂[Marc Polizzotti]译,符号学文本[Semiotext(e)]出版社,2006)所写的导言。——译注

② 艾哈迈德·沙阿·马苏德(Ahmad shah Massoud,1953—2001),阿富汗反对派领导人,据报道,他在 2001 年 9 月 9 日被自杀式炸弹袭击者刺杀身亡,袭击者被认为是受到乌萨马·本·拉登训练的塔利班分子,引言出自 2001 年 9 月 11 日出版的《洛杉矶时报》。

③ 维利里奥、希尔维尔·洛特朗热(Sylvère Lotringer):《纯粹的战争》,马克·波里佐蒂英译,符号学文本出版社,1983。

略空间和后勤时间的来回转换。这是一部由城市、隔离带、贸易圈、卫星和软件构成的历史,也是一部被处于竞争中的监控、调动、防御等技术手段及其相互协调所支配的政治地形的历史。它最初作为海洋航线、战略技术和城市布局的考古学出现,如今变成各种事件的整合,被简化成形状和符号,并同步呈现在显示屏上观看和操控。在维利里奥的阐述中,建筑的架构被计算机化,反之亦然。二者都是用于调动及其管理的后勤学媒介,都是将领土整编进后勤学领域的技术手段,它们使得一种基于抽象计算的现代型统治成为可能,这种计算全方位覆盖了从公海到共享电子表格在内的各种空间与表面。地球的这种全面技术化在维利里奥看来既是整合也是分裂,既意味着控制也意味着意外。最终并不是通过控制,而是通过后勤学试图予以囊括的即将到来又不可削减的风险,以及作为其最终实现的偶发事件,城邦最坚固的结合才得以形成。在维利里奥看来,它们是已经被考虑在内的例外情况,并被促成它们的那些发明所严格限定。

20世纪60年代,维利里奥和建筑师克劳德·帕朗(Claude Parent)合作发起一个具有挑战性的项目,运用非水平的位面构造倾斜的建筑。它遵循"令流通变得宜居"(habitable in circulation)的原则,意在极大地扩张城市可用地表。从20世纪70年代中期至今,他作为理论家的工作既可看作对这种建筑的可能性所做的追溯性论述,也可看作是面对新出现的其他空间媒介而选择了放弃。维利里奥提到:"我研究的焦点从拓扑学转向了竞速学,也就是研究并分析受土地利用发展的影响而导致的交通运输和通讯速度的不断提升。"①城市是一种动态的、以车辆为运载媒介的地理空间,这一形象既是维利里奥最初的建筑学解决方案,也是他最终给出的理论警示。"竞速学"(来源于希腊文 dromos,意为"赛马场")正是这样一种对各自有别的运动性的管控,对于人和物的驾驭与促动、禁闭与加速。维利里奥的第三本书《速度与政治》,是一部关于我们称之为"不可避免的技术活力论"的历史,按照这种活力论,多种多样的抛射物——地堡和堡垒构成的惰性膜体,士兵们"新陈代谢着的身体",以及航海舰船的运输设备——互相构成对方的假肢,共同致力于对速度的比较优势的角逐。在本书描绘的那些关键性的新陈代谢转换当中,从都市堡垒朝向开放、光滑的海洋斜面的运动如今已是一个"巨型物流营地",航海和海陆两栖的策略相继在其中构筑着"制海权";这反过来构造出"路权",后来又用海上漂流式的流畅意象对土地进行测绘和图解。在这种转换中,可居于流通的条件,及其在军事后勤学中的源头——调动和防御——仍然具有关键的重要性。曾经向建筑师提出的问题,如今却同时在信息和计算这两个层面以另外的方式获得了解答。如今,人和物品在全球空间中的存在与运输被紧密整合进了一个由软件组成的基础架构,运送物品和阻挡其运动轨道一样,是一项由光的脉冲、血肉之躯和钢铁共同分担的物流劳动。

---

① 维利里奥:《建筑原理》("Architecture Principle"),收于《建筑学会文献三:倾斜的功能》(*AA Documents 3:The Function of the Oblique*),建筑学会(Architectural Association)编,1996,第13页。

## "……一篇竞速学论文"

《速度与政治》首版(1977)在巴黎问世时,所面临的背景是各方借助"限制战略武器谈判"(S.A.L.T. II)达成的协议而形成共谋,通过限制超级核武器实现了均衡对峙,这一背景同样也包括政治恐怖主义在伦敦、罗马、摩加迪沙、斯丹海默、金边、巴勒斯坦等地区的兴起。在那个时候,1968 年 5 月(维利里奥当时被任命为巴黎高等建筑学院的负责人)已经发酵成一种躁动同时又富于创造力的不安状态。一个新的法国社会正在围绕视听媒介重新将自身组合起来:位于波堡(Beaubourg)的游乐园,埋在勒阿尔市广场(Forum des Halles)地下的商业中心,拉德芳斯(La Defense)新设的信息总部,还有贝尔西区(Bercy)那些夜间的奇观。或许早就该预料到这些——"五月风暴"结束的标志难道不正是面色阴郁的戴高乐总统在电视上露面,而非按照惯例亲自出现在市政厅的阳台上吗?凭借单信道电视,反高潮的宣传节目成功实现了任何城市规划都无法做到的事情:制止在已被去疆域化的街道上发生骚乱。即便不能让国家即刻恢复秩序,至少也让它引起人们的注意,让他们的凝视集中于一个新的国家中心,这个中心不再是建筑,而是由屏幕组成。

维利里奥这一时期的作品可以被理解为《软件社会》("Software Society")①直接的前驱。到其英译本问世的 1986 年,信息科技、计算机技术(特别是数据库和视觉媒介)的问题已经取

---

① 列夫·曼诺维奇(Lev Manovich)和我合著的一篇论文,对"软件社会"这个术语作了进一步探讨。

代了对城市(这在他后来的作品中重新出现,但却是作为媒介的一种衍生品且其原有部分功能已经被耗尽的东西出现)的关切。

维利里奥的后勤学现代性意味着"对大众实施切割和导引",将新陈代谢着的群体纳入机械运动的轨迹。竞速学是应用于差异性管理的变动不居、永无休止的后勤学,它对世界的原材料加以改造,使之变为"更恰当的形式"。在维利里奥看来,"城市不过是个暂时停留之处,是古代的军事坡面、山脊小道、边境或海岸线等轨迹路线图上的一个点,观看者的视线和车辆移动的速度在此建立起了一种工具性的联系。就像我很久以前说过的那样,只存在可居的流通"。城市管辖着这些对象多重幅度的相对速率。它们加速或受挫,"都属于不稳定的场所,因为它们处于两种运输速度之间,扮演着刹车的角色,以应对加速的突破"。作为一种空间技术,城市给人和非人的新陈代谢都通上了电,疏导他们,放大他们,把他们汇集于各个中心,并在郊区驯养他们。一个有助于激活维利里奥随后很多作品的问题在于:城市的这些核心功能是如何被其他速度型媒体承担的?

## 我们的后勤式现代性

"历史是以其武器系统的速度进步的。"也就是说,历史是以对城市实施展望、收缩、定位、截短、调动、绘制轮廓、稳定和监管的竞争效能的速度发展着。至少从维特鲁威凭借他在军事工程方面的经验为建筑规则做出定义以来,人们就普遍认为,空间设计本身已经是战略性的防御武器。然而建筑媒介只是多种手段中的一种,这些手段的部署方式也在以相互关联而曲折的方式实现着改进。沃邦侯爵是路易十四在军事防御(及其突破)方面的首席工程师,他向国王提出一条不同寻常的建议:为了保证法国与邻国的边界不被轻易渗透,国王应该主动放弃那些被视作"难以防守"又存在争议的领土。这项计划实现了黎塞留早些时候的构想,他把法国想象成一个 le pré carré,或者说"正方区域";而事实上这种说法后来同样也被用来描述如今已遍布于获得巩固的国家封闭体中那些上下分布的、沃邦式的平行防御工事。1782年,富克鲁瓦的《城市测绘表》(*Tableau Poliometrique*)一书问世。这本"迄今所知最早的工业流程图"是一本关于欧洲各主要城市相对规模的图表集,其中,如地理学者吉尔·帕尔斯基指出的那样:"我们看到向抽象和虚构性特征的过渡。通过这些成比例的三角形,(富克鲁瓦)构造出一种无法复归或牵涉到原始存在的意象。"①富克鲁瓦的符号学创新就在于用这样一种象喻式的方法重新分配疆域,他把城市之间的比较规模绘制成相对的、原始的几何图形。这样一种"地图"并不对任何地理上处于并置关系的城市做出一一对应的直接再现,而更像是用图表指示出它们在人口相对数量级上的差别。这一铭写行为制造出另外一个视觉空间,借此,城市的自然疆域变得可以被规划,成了一种封闭的行政性整体的投影图。

在维利里奥看来,这同样也标志着后勤空间的生产被纳入了

---

① 吉尔·帕尔斯基(Gilles Palsky):《数与图:法国定量制图的诞生及其在 19 世纪的发展》(*Des chiffres et des cartes*, *naissance et la cartographie quantitative francaise au XIX<sup>e</sup> siècle développement*),丹尼尔·丹尼斯(Daniel J. Denis)英译,历史与科学著作委员会(Comite des travaux historiques et scientifiques),1996,第51—52 页。

现代管理的视野。"这意味着宇宙被军事工程师重新分配,星球就像单一的坡面那样相互'沟通',并充当着未来战场的基础架构",而不受既定地理疆域的限制。随着法国工程兵部队被委以"在整个疆域内扩展后勤坡面"的任务,这标志着通过计算实施管理的现代时刻的到来,这是一个仍在进行中的方案,其中所有土地及其上居民的兴衰都不断地被绘成图册,被用符号标示并加以操控。维利里奥在军事地理学,特别是航海技术的历史中定位其最初的浮现。"总体战是无所不在的,它最初从海上发起,因为海面天然地无法对行星维度上的交通运动构成永久的障碍",而光滑的航海空间的移动性却反过来会依照其后勤模式对陆地进行重组。(国家或其他主体)通过速度实施的管理就是后勤学,而后勤,正如它从中孕育的海洋载体那样,是全方位的。

如今后勤的速度大多也同时是计算机的速度,但这并不意味着它就是虚拟、非物质和遥远的。恰恰相反。比方说,超市的货架,就是人们与一个巨大的、由物品构成的网络相接触的界面:一个由供应链、需求链和客户关系管理软件、钢铁集装箱、离岸工厂、联合交换协议构成的网络。所有这一切组成了一个复杂、稳定、灵敏到难以想象的装配线,以其生产分销形成的巨大经济体应对着日常的购物行为。当今的"存在舰队"就是那些永远处于传输中的、以艾字节和十亿吨为数量级的组件的库存清单,在贸易区内穿梭疾行,对支撑着它们的公司而言,它们为其技术和法律效率充当着耗材。最终,这些公司(同时也是公司的解体)及其无远弗届的部件、劳力和专家队伍的供应商们绝不会像法律部门呵护品牌那样保卫一件东西,而品牌则是一种可予以操控的虚构,他们将其精心植入基于人口统计和区段分析建立起来的日常生活经验中的接触面。这一"扁平的世界"将自身想象为光滑的、海洋式的网格,对其实施调节的,是各种不同的运输、激活、内化,以及预防性的外化技术:从船运码头到航空城,从银行软件的图形化用户界面(GUI)到网络浏览器的设计引擎和数据安全协议。如同安德里亚·古斯基(Andreas Gursky)的摄影作品,这一将各种物品和主体相互连接起来的"无摩擦"(frictionless)的景观,正是一种新型的建筑架构,这一架构仰赖虚拟物质那种脆弱的不在场证明以及程序上的透明性,以期获得它所需要的那种政治经济效率。然而,它所成就的现实同样也意味着,意想不到——同时真实而晦暗不明——的后果,将不受控制地积聚起来。

## 速度专政:由假肢实施的管辖

维利里奥会在何处安置竞速学(速度)与速度专政型政体(政治)的历史代理?二者如何相互转化?在维利里奥的历史中,国家是一个不断登场的演员,恰恰因为它同样也是现代战争中法律的签署者;但很难说这是一种传统意义上的政治理论。"事实上,并不存在什么'工业革命',只有'速度革命';不存在民主,只有速度专政;不会再有什么战略,而只有竞速学。"国家运用竞速学技巧来施展力量,但在福柯看来,国家机器是那些溢出国家宪法和组织、为实现速度主宰这一图谋而产生的功能,甚至是工具。在维利里奥这里(与德勒兹和加塔利相一致),这样的国家政府被压制成了一种集体构造状况的"机器标本"——听上去颇有些海德格尔的味道——他写道:"速度主宰的智能不是用于对付一个或多个已经确定的军事敌手,而是一种针对世界的永久攻击,并经由世界向人性发起攻击。"与之相似,经济生产的运转,其特征与其说在于剩余劳动价值的最大化,不如说是对新陈代谢的激烈化进行调控,使之服务于一种历史性的全面加速。

速度专政建立并再生产出一系列组装和拆卸的标准化程序,以便系统性地将人力整合进特定的基础架构。"工厂劳动也无法逃避运动的独裁,它就地复制了封闭的围场,在一种强制而荒谬的动力循环中,实现被排斥者的缓慢死亡。"这是一种身体性的惩罚机制,它追求的是速度的意象(而非福柯可能会优先考虑的真理意象),"阶级斗争在此被军队的技术躯体依照其机动效能——后勤——展开的斗争所取代"。事实上,在维利里奥看来,运动中的身体这种维度作为政治权威得以施展的媒介和对象,在一些体育场举行的公开表演中,通过将集体整合为一的展示而获得了最为极端和形象化的呈现。它们采取汽车机能式的舞蹈编排,其运动所遵从的路线,如今已完全沦为表格。"对解放之欢乐的模仿"追求的那种麻木的美学,以及借助这种模仿得以实现的那种"对身体进行束缚和管教(housebreaking)的纯粹权力",在集中营中以颠倒的形式被重复,异端人士(misbeliever)的身体也在此处接受法律的规训。维利里奥写道:"他的异议就是一种犯罪的姿态。"而今,虽然这种肉体规训的脚本已经从居于主导地位的国家的大都会转移到它们的卫星城,但是个体与其物流目标之间又出现了一种更具柔性的交往,并被转换成其他的符号和信息经济形式。

速度依赖技术,技术的运用将跨越前政治和超政治,直接作用于大众的身体,使之变成一种能够从战略上被规划和部署的实用材料。如果城市是其居民的集体假肢,其他的一些技术则对应着更加个人化、更加具体的目的,比如汽车,"汽车批量化生产(由福特在 1914 年开启）后的交通运输可能会变成一种社会冲击"，从而消除都市的集中化造成的向心力，并把它分散进时常遭到拥堵的开放的公路组成的网络。"没有暴乱，不需要更多的镇压；要想清空街道，只需承诺每个人都可使用公路。这正是大众汽车的'政治'目标，一场名副其实的全民表决。"竞速学也扩展到了这一新的平台："限速的法律涉及政府行为，这也就是说，对道路实施政治管理，其目标恰恰在于对大众的机械化所创造出的'非同凡响的攻击力'进行限制。"早在 20 世纪初，工业技术集中于个体的机械化移动，就已经凭借坦克给战场带来了革命性的变化，成就了一种"可移动的堡垒"；这就向指挥官们提出了一种新的、关于速度和运动的微积分。就像航船驶过光滑的海面，坦克"把战争扩展到一片因被具有无限可能性的轨道所摧毁而消失的土地之上"，维利里奥建议，鉴于它们消除了一切区域障碍，这些"陆上战舰"不应被称作"全地形的"，而应被视为"无地形的"。后来有了吉普（还有更加怪诞的悍马），这类个人化的堡垒将使这种权力得以（大多是以虚张声势的形式）拓展到日常通勤的表演之中。①但借助车辆运输实现的假肢化并不仅仅属于汽车，其他一些以外科假肢的形式被吸纳，又有一些变成了时尚。一战期间，随着士兵们踏过沟壑纵横的战场，出现了脚部损伤的问题，从而催生了骨科这一应用学科，并重新设计了步兵们的移动技术：鞋子。这一成就在文化想象中获得放大和美化，根据这种想象，运动鞋变

---

① 这类带滚动门禁的封闭的社区更为直接地表现出对军事任务的认同。在第一次海湾战争期间，流行的车尾贴纸是"我支持军队"，而"9·11"事件之后游街的悍马车队的贴纸上则写着"我就是军队"。

成了个人展现其卓越的移动与后勤能力的工具(耐克的广告语
"只管去做")。

## 信息地堡与无所不在的前线

如今,在另外的意义上,信息就是建筑,它框定并勾画社会交
往中相对的运动性能。尽管城市仍然是展现并掩盖这种安全性
的场所,但一些在传统上属于它的职能已经被其他的网络媒介承
担,从而使它受到排挤。富克鲁瓦的《城市测绘表》如今以高度进
化的样本在屏幕和表面上增殖,通过图形化用户界面的形式,它
们所指示的软件所具有的功能一目了然。但这些界面并不仅仅
是即将实施的虚拟操作的图解,它们同样也构成了最初限定用户
的动机,随即在网络和世界中将其实现的种种机制。先前那种绘
图和制表式的再现模式如今变成了工具性和调节式的。

随着图表变成界面,地图被工具取代,个人的、个体化的社
会行动也变得越来越物流化。对于虚拟符号的主观操控变成了
这样一个(预先设置的)追求亲近和即时交往的景象当中结构
性的代理形式。不妨想象一下,城市公路和大道所承担的集中
并协调交通和注意力的政治功能,是如何被网络门户和搜索引
擎所强化的,数目浩瀚的在线数据经过筛选并被纳入主流,最终
正是通过这类界面开放给公众的。网民的倾向也在这里被编入
搜索结果的排名,而这些结果往往是和字眼、地点和概念相联系
的。搜索代表着公共工具的一种新的配置,公众借此进行搜寻、
检索、漫游,并与其他人交换文件,以便与自己社交网中的其他
人保持近似。搜索与城市本身不无相似之处,其立法取决于人
口统计学意义上的欲望、持股人的利益和国家的偏执狂这几方

力量的浮动平衡。维利里奥写道:"国家的政治权力就意味着治理,也就是监管道路网。"事实上,搜索技术中的很多核心创新都是出于安全考虑而受(国家及其他)赞助实施的,这就需要意图明确地筛选数以千亿计的闲聊内容,以便收集对警卫城邦至关重要的情报。

新一代的搜索软件致力于将世界变成世界本身的一个可交互操作的隐喻。谷歌地图的交互式地图和搜索、数据视觉化软件从早先数代基于卫星图像的战场模拟组件中借取其界面美学,并承诺将进一步把个人日常生活的后勤学整合进"智能"的热带。其应用程序编程接口(API)同时还允许用户将谷歌地图与其他个人或公共数据流相关联,进一步促使它的运行逻辑脱离"能够互动的地图",而转向一种基于绘图学和制表学隐喻的真正的"元界面"。与图表向界面的转换同步,机器运算同样也改变了城市的物理界面,反过来倒是把它们变得更像是图表。"在任何地区,公营住房、宿舍式住宅区或转运港,都被安置在城市的边缘,靠近公路和铁路……这一整套设置只不过是城堡机器各个部件的重构,其中包括侧翼、凹槽、外罩、挡板和用于进出的门户,这些都是通过城防机件施加于大众的最初控制手段。"它关乎物品的数与量。如今,由供应和需求链的物质交换所构成的城市界面,包括进货港口在内,已被重新适配于计算机集中处理的物流园区,为地理上分散的生产者和消费者惯常的部件与信息流动充当着区域性的调配机制。这其中存在着一座速度性的天堂——阿联酋目前正在迪拜的物流枢纽阿里山(Jebel Ali)规划一座真正现代的未来之城,希望能把处于战略中心位置的鹿特丹、新加坡市等地比下去,他们提供的似乎将是拥有无限面积的海对空、空对空多种模

式的客货运输服务："中途并货,客户定制,延缓,打包,贴标,以及
最后的组装。"如今,我们构想中的建筑不是为了照顾人、供其居
住而设计的,而变成了属于客体并之为服务的乌托邦。

## 不纯的战争与反常的事件

维利里奥视野中的历史——以及我们当下所处的时刻——
是一种关于暴力的剖面图,其中既有联合,也有分裂。维利里奥
从地堡最初的字面义层次开始其论述,但他同时又将消耗的经济
学扩展为现代性本身的特征。地堡及其孪生体——集中营,正是
这一现代性的基础性空间。地堡是一座水泥掩体,集中营则是钳
制性的。二者都具有卫生性和防护性:一个作为建筑性的膜体抵
御着一个充满敌意的世界,另一个通过强制封闭而将他者隔离于
法律的常规运转之外。尽管这两种空间在建筑学层面经常是同
一的,但在其极端形态中,它们都将变成纯粹的后勤学区域。在
这样的场所中,唯一的强制性就表现在对一个原始的大众集合实
施管制,对其实施调动并为之绘制图表。它们是仅有的理想类
型,而真实的世界则充满了由地堡和集中营的复杂组合所构成的
各种空间(工厂、机场、仓库、实验室、监狱、船运港等),这些空间
在二者间相互转换,每时每刻,变换表现为内化和外化的不断
颠倒。

在维利里奥看来,资本的积累是保障安全的手段,反之则不
成立。他写道:"资产阶级权力的军事性更甚于其经济性,但它最
确切的特征,是神秘地持存着的围城状态,这种情形显露于设防
地区,也就是那些'以各种方式造出的大型固定机器'之中。"大众
所具有的那种既竞争又妥协的能量,被理解为承载着一种持久的

"守城"(poliorcetic)的历史任务(主导或对抗围城状态),他们的运动受到城市固定的表面的管制,分解于不断推迟的软性围城的状况之中。这一缓慢而持久的战争本身就关乎冰川磨损和相互威慑的技术。城市本质上是一座地堡,维利里奥将其特征描述为"缩减权力以求更佳轨迹,为求生存而用生命做交易"。这一"纯粹战争"的"前线"无所不在,而且可以是任何东西,既内在又外在于"管控性社会"所构成的"封闭世界"。地球区域在竞速学监管之下实现的全面封闭将这种软性围城变成了一种遍及全球的社会空间。当今的"安全环境"(拉姆斯菲尔德所青睐的金句)被一种城防概要(poliorcetics lite)所填充,对潜在的普通民事暴力行为的防范被纳入一套设计好的标准,以便对不拘大小的犯罪行为实施威慑。①

诚然,维利里奥的核心论点既不同于"无摩擦的资本主义",也有别于其自我指涉式的透明性和无缝控制的意识形态。相反,他将速度性全球化的积累目标看作通过持续不断的暴力逐渐整合起来的事件的历史。这一对技术巴拉德式(Ballardian)的描述表明,发明或采用一种新的技术必定同时意味着发明或采用一起新的事件。远洋航线的开拓同时也是沉船之灾的开端,内燃机本

---

① 大大小小的控制型建筑使大量人口进入"安全环境":从"防坐长椅"(给长椅和人行道的花栏设计出让人不自在的突刺以防止有人在此滞留、闲晃,让行人不停地走),到把工人们彻夜关起来、让他们给货架上货到天亮的大型商场(Big Box)和购物中心。各大报纸还举办为美墨边境设计"建筑"的邀请赛,而在世贸中心旧址上规划的"自由塔"概念,则被设计成一座笨重的混凝土防御工事,外面包上一层半透明的玻璃——作为军事文化经久不衰而又虚与委蛇的象征。

身也是温室气体的肇始者,基因科学的诸多发现同时也携带着"基因炸弹"的潜在恐怖,将个体的社会生活全面整合进信息网络,同时也就预示着后者将无可避免连同其中所容纳和中介的社会连结一起走向毁灭。这类解决方案同样也使我们分担的风险在规模上大大增加。维利里奥后来的作品集中于他所谓的"有一天或许会成为我们栖居地的那种整体性事件",这是一种全球性(终极性)的事件,竞速学管制在其中的全面实现同时也就预设了一种不可避免的、同样是全球性的混乱与灾难。①

　　同样,还有一种事件被理论的术语所吸纳,也就是说,维利里奥的学说被受到他猛烈批评的体制化阵营所吸收。"军事院校在研究我",他在《纯粹战争》中对洛特朗热说道,事实也是如此。正如广告策划专家成为居伊·德波作品的拥趸,理论曾希望通过精心的描述破坏体制,最终却为后者充当了某种"意外"的先锋概念,这不过是又一个例子罢了。最直接、最令人不安的例证或许当属以色列陆军准将阿维夫·科哈维(Aviv Kokhavi)将军,以色列国防军(IDF)伞兵部队指挥官,肩负着向纳布卢斯(Nablus)等地的巴勒斯坦占领区发起进攻并予以"重新规划"的任务。科哈维同时还是德勒兹和加塔利的解域、平滑/条纹空间和游牧学等理论术语的热情读者。立意在反抗的理论刚刚发明出的那些微妙而丰富的术语,都在他的枪套之内变成了战略手段,服务于一

_____

① "技术在其失败之中最为直接地揭示出其自身"这一观念,再一次将维利里奥的批判与海德格尔联系起来。见维利里奥:《未知的数量》(*Unknown Quantity*),卡地亚当代艺术基金会(Fondation Cartier pour l'art contemporain),泰晤士与哈德逊(Thames & Hudson)出版社,2003,第25页。

套新近才被复杂化的、关乎国家暴力和块茎式镇压的机制。① 然而，这样的颠倒——既是模拟又是掩饰——情形，难道不是或多或少已然内在于眼下关于速度暴力的讨论中了吗？这些"理论事件"不正是人为地模仿了构成暴力配置之基本特征的那种颠倒吗？足球运动模仿的是最原始的区域性部落战争，贝尔格莱德红星队的支持者被迅速重组为塞尔维亚横扫波斯尼亚时的突击队。至于美式足球，位于路易斯安那的巨蛋体育馆是举办超级碗（Super Bowl）的所在地，也是被广泛模仿的围城空间，它在"卡特里娜"飓风之后成为一座真正的围城，接纳着那些被系统性的忽略促成的一场缓慢的战争所抛弃的溃烂的尸体——它的电视直播还始终保持着很高的收视率。这样的颠倒，或者说"意外"（包括对维利里奥关于竞速学上的意外事件之理论的消费，变成了战略性速度管理的一种"情报"形式），难道不既是例外又是规则吗？

《速度与政治》出版后的几年里，围绕着"例外"的政治功能，以及集中营建筑作为这样一种例外的空间，已经发展出一套丰富的话语。在吉奥乔·阿甘本看来，集中营代表着一种不受法律约束的区域，这源自其例外的位置，它不仅建立在外在于国家一般司法程序的基础上，而且恰恰通过这一例外的特性体现着国家的

---

① 埃亚·魏兹曼（Eyal Weizman）引述科哈维的说法："《千高原》中的几个概念变得对我们很有帮助……让我们能够以一种除此之外无从解释的方法去理解当下的形势。它让我们所采用的范式被问题化……最重要的是它区分了'平滑空间'和'纹理化空间'……如今我们在以色列国防军中经常使用'把空间平滑掉'这样的说法，而我们实际指的是行动应该在那样的空间中展开，即把它当作没有边界的空间。"魏兹曼：《致命的理论》（"Lethal Theory"），刊于《原木》（*Log*），2006 冬/春号，第 59 页。

统治权,这一统治权不仅凌驾于法条之上,而且凌驾于集中营所实现的法律及其权威之上。① 集中营的逻辑超越了权力和抵抗这条通常富有成效的链条,由此揭示出,例外才是统治权威的真正核心。在讨论巴赫金时,齐泽克写道:"在最深的层次上维系一个社会的,并不是对社会'正常的'日常节奏予以规范的法律的确认,而毋宁说是对僭越法律的特定形式,对法律的悬置……的确认。"②

维利里奥本人关于竞速学和事件的现代性的理论也应该在与这一话语的关联中被加以考虑。他写道:"集中营和古拉格提供的珍贵教训尚未获得注意,因为它不仅被错误地呈现为一种意识形态现象,同时也被呈现为一种静态的封闭。其绝对的'非人性',表面上看只是将原先的动物社会寓言,即对身体、对未知且不可知的身体的大规模驯化重新引入了历史。"在集中营里,对速度型现代性之新陈代谢机体的管理被鲜明地凸显为对"赤裸生命"的管理。在那些"世界经济特区",同样的进程也以一种较为柔和的方式重复着,那些不受法律约束的物流群岛编织了全球性的商务流,以它们自身的形象组织起一套新的规范性秩序。但同样,维利里奥从中看到的并非此类网络传达出的自命不凡的高效

---

① 阿甘本谈到最近人们针对一起"丑闻"——算是一起"理论事故"——本雅明和法西斯主义法学家卡尔·施密特之间关于主权与暴力的通信被发现做出的反应,他论称,应该理解为本雅明受到了施密特的立场的"感染"。见阿甘本:《例外状态》(*State of Exception*),芝加哥大学出版社,2005,第52—64页。

② 齐泽克:《普遍的例外》(*The Universal Exception*),连续体(Continuum)出版社,2006,第64页。

形象,而毋宁说是保留在例外本身之内的例外:事件。当齐泽克以维利里奥本人或许不会意识到的方式命名的那种例外获得指认,事件之中的事件(accident-within-accident)就会出现。比如说,恐怖主义,连同反恐的"紧急状态",就既不会完全与对抗法律的对称结构结成共谋关系,也绝不可能完全外在于它;相反,它却宣示出一种例外于法律权威的主权,这也正是灾难性的失败事件激发出的好奇与惊叹的关键所在。它不仅令人毛骨悚然,也令人着迷;正因为它的迷人,它同时也是促成团结的一个关键性源头,一种构成真实的接受前提的、联合性的例外。事件的狂欢由此就被揭示为技术自身例外性的酒神节,它以我们的名义上演,其后果也将由我们承担。

# 译后记

《速度与政治》初版于 1977 年，作者保罗·维利里奥也已于 2018 年离世，但这部写于冷战对峙年代的作品至今仍然具备无可替代的理论潜能和重要的参考价值。谓予不信，不妨先看 2024 年两段由无人机拍摄到的场景：

乌克兰战场中，一名士兵躺卧壕沟，下肢已被炸断，眼见无人机逼近，他决定开枪自杀，不知幸还是不幸，子弹卡壳了。

以色列军方"定点清除"哈马斯领导人叶海亚·辛瓦尔，奄奄一息的后者最后的举动是将手中的拐杖扔向无人机，但将其击落的企图却以落空告终。

卡壳与落空，或许同样会在观看者身上发生，尽管那只是特定个体道德、伦理、认知方式与精神世界遭受冲击的后果。不过，若是与《不再有夜晚》(Il n'y aura plus de nuit, 2020)和《光，到处都是》(All light, Everywhere, 2021)这两部题名互训的影片对堪，今日世界怀有此般感受者恐怕还绝非孤例。面对观看与杀戮的同步及其近乎达成的同一，在肉身的毁灭隐约折射出盘踞于技术进步尽头的虚无之际，维利里奥思想的原创性和当下性益发不容忽视。

译者初读维利里奥，恰好就始自孟晖老师所译《战争与电影》

一书。该著将人类历史上相对晚出的电影与古老的战争汇聚在感知方式这一层面展开论述,信手拈来的举证与天马行空的文风相得益彰,读来颇有灵动通透与别开生面之感。其中借自白南准的"电影并非我看,而是我飞"及"汝等入影像地狱者尽丧希望"之类的表述,更是如偈语般不时在耳边响起。欣赏与渴求的促动下,便有了此书的翻译。

如果说维利里奥关于电影的讨论更多是在比喻的层面上使用"后勤学"的话,那么更早写成的《速度与政治》则是直接对以交通为基础的后勤/物流活动在人类社会演进过程中所扮演核心角色的阐发。他从标志着无产阶级登上政治舞台的 1848 年法国革命出发,历数古希腊罗马以降欧洲历史上的多次政治剧变,从中揭示出作为资产阶级国家原型的堡垒/守城状态与作为大规模流动人口的"群众"之间不可化解的矛盾。借助与马克思和恩格斯展开的对话,讨论的话题进而沿着国家之军事、社会架构(或者不如说存在方式本身)与无产阶级的主体性问题两个方向展开。这一思路首先梳理出一条源远流长却经常被人们视若无睹的社会史脉络,也在一定程度上弥合了古代与现代的断然二分。其次,对国家组织形式历史性特征的强调,也有助于破除人文主义的文明论述中关于繁荣、积累和人性的幻觉,让人们换个角度去审视战争在人类历史进程中所起的作用。

此外,本书还将无产阶级置于由交通运输主导的社会生产生活基本物质要素的合力作用之下加以考察。这样一来,所谓"无产阶级化"的动态过程就有助于祛除附着在 20 世纪以产业工人的大规模存在为基础的阶级论述之上的职业与身份拜物教冲动,使得革命并不必然因其与历史的绑定关系而轻易宣告终结(当然,维利里奥的着眼点在于所有革命中无所不在的关于人员流动的悖论)。不过,这并不意味着维利里奥会对无产阶级革命的未来抱有不切实际的幻想。恰恰相反,作为整体的无产阶级在他看来犹如一个幽灵、一种突变,是"军事渗透和攻击的速度所构成的等级制"在加以塑造的同时又予以抹除的对象。随着现代媒介和交通技术促成的解域化实践渗透到社会的方方面面,士兵和平民之间的差别日渐消弭。与此相伴的无产阶级军事化进程则致力于利用武装力量去"榨取国家在工业、经济、人口、文化、科学等诸多方面的原始潜力"。书中宣称"法西斯主义从未死去",原因之一就在于,它作为一种应激式的妥协方案,也可以理解成不过是对在高速运转的资本主义体系中被边缘化甚至彻底抛弃的人口实施军事化整编的结果。正是在这个意义上,当今西方世界以种族主义、民粹主义为号召的国家主义的再度兴起才可获得更为直观可信的解释。

回到关于战争的论述。前举无人机用于俄乌战场和巴以冲突的例子,显然足以证明本书所谓"务实的战争"及"速度就是战争"所言不虚。发生在加沙地区的种族屠杀也充分表明,在生存空间被剥夺的情况下,战争最终将转变为"时间之战"。核威慑局面中,为了让位给自动化武器,个体决策权会被无限剥夺。从而,书中关于"后退式战争"荒诞情形的描述也不可谓不精准敏锐。不过,鉴于后勤学意味着"无论战时还是和平时期,将国家的潜能转向武装力量,以便为战争做好准备",那么这种转变如何发生,就是同样值得关注的问题。换言之,战略空间和后勤时间的来回转换,正是现代国家和社会的基本运行逻辑。在这个层面上,维利里奥对食品供应、物流代理、体育运动、精神疾病、假肢介入、社会救助等平民社会日常生活现象展开的分析，同样也是慧眼独具、发人深思且余音未了的现代性批判。

勒克莱齐奥曾在小说《战争》里写到一些"不喜欢人们对其命令讨价还价"的预言者："他们会点亮他们的碘钨灯，就一会儿，在黑夜里，在那一瞬间人们可以看到一千年的风景。然后他们熄了灯，扬长而去。"维利里奥想必也可归入这一预言者组成的行列。只不过，这里的风景或许并不那么令人赏心悦目。而且，面对书中阐明的种种律令，我们还不能停止追问（即便这样做经常会显得是在讨价还价）和思索，否则又该如何面对无人机与无名士兵相遇的那个时刻？

动手翻译此书大约是在 2012 年，起初只为翻来自学，并无出版之念。夏日溽热，西晒窗前，汗如潮涌。翻到快意处，不觉手足摇摆，起而随 New Order 的乐声扭动。回想起来，倘若对面"公主楼"某位住户见此排骨大肚阿兄赤膊起舞，不知会否感到惊诧莫名？到秋初时节，某日深夜，正与返校邀饮的崔先生闲聊，他忽接一来电约聚，由此遂晤赵文师兄，即同赴南门外续饮。三人走在 30 楼前空荡荡的水泥路上，我主动说起自己知晓陕西师范大学陈越老师周围有几位同好在默默翻译阿尔都塞。时因酒精作用，我大概用了黑夜中的烛火之类的比喻，听起来难免有些矫情，但于我确系实感。赵文兄当即拨通陈老师电话，转达一位未曾谋面者的钦佩之意。数年后，因开会的机缘第一次见到陈老师，他早已不记得深夜的骚扰电话，却慨然惠允将《速度与政治》纳入由他主持的"精神译丛"出版计划。就这样，几位师友的砥砺磋磨，以及随后在联系版权、译文校阅、查找引文出处等环节提供的无私帮助,也让本书的翻译过程变成了一份关于共同信念和友爱的见证。

译本能够与读者见面,西北大学出版社的任洁和王佃晓两位老师付出的努力同样不可或缺,她们的专业精神和耐心细致让译者深受感动,在此特别致以诚挚的谢意! 受译者法语水平和表达能力所限,译文中一定还存在种种舛讹或纰缪之处,对此,还请读者方家不吝指出。

刘 斐

2025 年 4 月 22 日

于北京东郊

著作权合同登记号:陕版出图字 25-2019-045

**图书在版编目(CIP)数据**

速度与政治：论竞速学. ／（法）保罗·维利里奥著；
刘斐译. -- 西安 ： 西北大学出版社，2025. 7. -- （精
神译丛／徐晔，陈越主编）. -- ISBN 978-7-5604-5697-
3

Ⅰ. D0-02

中国国家版本馆 CIP 数据核字第 2025GY7004 号

**速度与政治 ： 论竞速学**

[法]保罗·维利里奥 著

刘斐 译

出版发行：西北大学出版社

地　　址：西安市太白北路 229 号

邮　　编：710069

电　　话：029-88302590

经　　销：全国新华书店

印　　装：陕西博文印务有限责任公司

开　　本：889 毫米×1194 毫米　1/32

印　　张：6

字　　数：138 千

版　　次：2025 年 7 月第 1 版　2025 年 7 月第 1 次印刷

书　　号：ISBN 978-7-5604-5697-3

定　　价：55. 00 元

# Re 精神译丛（加＊者为已出品种）

**第三辑**

**第四辑**